무지개의 아우라

송다인 시집

청옥

서시

영도다리

새 생명이 늘 솟구치던 영도다리
오동나무 선착장 난간에 앉아
삐거덕거리면서도 웅장하게
줄기차게 치켜 물구나무서서
하늘이 외치던 그 자세 그대로
늘 콩심장이 두근거리는구나
갯바람 항구의 고향바다
만남과 이별의 손수건사이로
내 볼과 목을 애무하던 청춘
야생의 갈매기 떼 꺼윽꺼윽
그 눈부신 낭만들 속으로
여수 여객선 넘나드는구나
상실의 아픔이 사무치던 곳
스스로 떠나감에 흐느껴 우는 듯
갯내음 맑은 숨결 그 풋풋한 얼굴들이
오늘 따라 왜 그리 보고 싶은지
열 살적 팔월 벌거숭이 환상여행
피둥피둥 달려와 날 적시는구나
돌아보면 어찌 잊으리
바닷가에 마실 나온 너와 나
그래도 길 잃은 꿈 주우려
여명의 수평선 웃음소리 주우려
예순하고도 이 만큼 더 살았으나
온종일 아이처럼 서성이는구나.

❤시인의 말

기장으로 이사 온 8년 세월 중에서 지난 5년 동안 기장군청에서 기장군민들에게 베풀어주신 인문학강의를 다 들을 수 있었음에 무척 행복했습니다.

2015년 "문명과조선"까지를 다 수강하였습니다. 마치 대학생처럼 기장군청 9층 강의실로 뛰었습니다. 열심히 수강하고 아래층 7층 디지털 도서관에서 공부를 계속하니 제 향학열은 점점 피어나고 있었습니다. 기장군청에 무한한 감사를 드립니다.

2016년에도 계속해서 펼쳐질 인문학 강의를 섭렵하여서 제게 주어진 시간까지 꿈을 먹고 꿈을 키우는 희망찬 꿈나무들의 비상이고 싶습니다.

"무지개의 아우라" 여기 93편의 시 한 편 한 편마다 독자들의 마음에 위로가 되고 사람의 향기가 차오르는 좋은 포도주처럼 배여 들고 싶습니다. 시작과 끝이 동시에 공존하던 가슴 뭉클하였던 그날의 진한 감동을 모든 이의 가슴 속에 그대로 펼쳐드리겠습니다…

그 날 사대를 졸업한 지 10년 만에 우렁찬 딸의 목소리는 울려 퍼졌습니다. 바로 그 날 교사발령이 났습니다.

그것은 아침 상공에 찬란히 피어올랐던 그 무지개의 아우라이었습니다. 생생한 화가의 무지개는 지금도 제 눈 속에서 피어오릅니다.

"무지개의 아우라" 이 시집의 제목처럼 바로 눈앞에서 쑥쑥 피어올랐던 그 무지개의 행운을 만인의 가슴속에 바칩니다!

저자 송다인

차례

제2부 詩 한 편 값이 얼마입니까 [삶]

제3부 내 주위에는 누가 있는가 [그대 생각]

제4부 특시와 명상과 깨달음 [첫사랑]

제1부

꽃빛 바람이 분다

청포도

정이 많은 사람에게
내 좋은 날
청포도로 태어나
그대 향기에 스며들리라
그리움은 짙어가도
연푸른 각시 되어
그대 마중 나가리라
퍼어런 심장으로
날 비벼대는 아렴풋한
첫사랑 숨결이 되리라
달빛은 날 숨겨주려
주저리주저리
그대 곁에 매달고 져
고스라니 달려오는
오롯한
사랑의 종착역이 되리라

황금 들녘으로

깊어가는 가을
산허리를 감싸는 구름 사이
스쳐 지나는 바람이 스산하다
푸른 들 넘치는
황금 물결 춤사위
애호박 단호박 고추밭은
온통 찬란한 오방색
부신 꽃잎의 결실
걷어 들이는 뿌듯한 농심
도착된 희망의 엽서들
밀물 쳐오는
젊음보다 진한
사랑으로 달려와
그냥 그대로 엎어진다
너의 주체 못 할
두 팔의 희열은
비로소
가슴을 여는 사람이 되어
출렁출렁 눈웃음 짓는
황금 들녘이다.

낙동강 하구의 일몰

해가 쓰러지는 낙동강 하구
쉬고 있는 날 느껴본다
황금빛 추억의 물결이 되어
지는 해를 붙드니
그대 그리움이 솟구쳐온다
나를 생각하고
너를 생각하고
오늘을 생각하고
한쪽으로 한쪽으로만
맑은 눈동자 맑은 피로 살고픈
겨울 윤슬 같은 대화의 물결
내가 보이고
네가 보이고
내일이 보인다
결코 길지 않는 삶의 여정
되돌릴 수 없는
젊음의 수묵화
다시 내가 보이고
다시 네가 보이고

다시 내일이 보인다
미움도
사랑의 옷을 갈아입는다.

패랭이꽃

꽃피는 4월
가장 낮은 곳에서
손짓을 하는 아기 꽃
가던 발길을 되돌린다

미풍에도 살랑살랑
재능과 거절을 품은
순결한 사랑 꽃이다

아주 작은 것에도
그리 아름답다는
눈부신 희열이다

나는 너에게
패랭이꽃이 되어
눈부신 꽃 빛 바람
작은 속삭임이다.

목련처럼

삼월 중순 아침
목련 송이 눈이 부셔
가던 발길 잠이 깬다

잎 하나 없는
앙상한 가지마다
몸부림치는 고독이다

쭉쭉 뻗치고 있는
저 높은 기상은
희망찬 유희다

고고한 자태
순백의 저 숨결
눈부신 환희다

삶의 걸망 속
여인의 절규는
목련처럼.

그리움

그대를 눈에 담고
평화로운 몸으로
눈을 감고 누울 때면
그대의 하얀 세월을 본다
욕망은 체면 뒤에 숨어
바람에 흔들리는 숲처럼
구름마저 흩날리면서
물안개에 휩쓸려간다
용기도 감추는 배려
눈빛만이 떠오르는데
그대는 신기루 같고
오늘은 내일로
내일이면 또 내일로
자꾸만 미루고 마는
인내의 날밤을 지새운다

새들도 잠 못 이루는 밤
내 귀의 이명耳鳴에
눈물이 난다.

꽃치자 사랑

어느새 담 밑에
별무늬로 성큼 피어난
뽀오얀 꽃송이 술렁술렁
꽃샘바람이 유혹을 한다
맑은 향기에 연연해
코끝은 조심스레
몇 날 며칠 유영을 한다

날 애무하는
눈부신 푸른 진동
삶의 걸망 풀어헤치며
온통 당신을 품듯
사색의 눈을 감는다
손길이 닿지 않아도
꽃 속에서 퍼져 나오는
부신 꽃잎의 희열
가던 발길 멈추게 한다
함초롬히 피어난
의좋은 사랑 타령 잔뜩
세상을 향해 웃는다
청춘의 몸부림처럼.

새벽 약수탕

모두가 잠든 새벽의 고요
무의식은 의식의 옷깃을 스치고
출렁거리며 두리둥실 감싸 안는
살면서 최고의 행복감이다

머리부터 발끝까지 술술
흘러내리는 따신 물줄기는
가득 찬 내 욕망의 흔적을 지운다

내 볼과 목과 가슴을 타고
거품의 행렬을 뒤따라가며
쌓인 번뇌도 씻겨 내린다

몸속 뼛속 혈류를 타고
잘못을 후려치면서
작은 소박함을 껴안고
사치스런 허영을 잠재운다

묵은 죄와 새로 지은 죄
하나씩 들추며 채찍질하며
또 다른 나를 잉태한다

뽀글뽀글 간질이는 물방울은
마치 그대 그리움으로
스멀대는 손길로
지그시 날 침잠시킨다

좌절과 우울함 모조리
몽땅 다 잊으라하며
무한한 감사의 안식이
갈채의 무등을 타면서
맑은 새 아침을 맞으라한다.

비가 와도 자갈치는 즐겁다

추적추적 가을비 온종일 내리는데
우산 속 사람들은 즐거운 비명이다
비가 오니 조금 덜 붐비는 것일 뿐
그래도 자갈치는 변함이 없다
영도 고향 바다 오랜만에 치켜다 보며
끄떡끄떡 영도다리 영사기를 되돌린다
자갈치 선착장에서 충무동 골목시장까지
어시장 쪽 경매 풍경 기웃거려도 보고
싱싱한 해산물 좌판 탐색 작전 속으로
해변시장 통통 튀는 산해진미들 널브러져
오이소, 보이소, 사이소, 예.
물속에 헤엄치는 산 오징어 쑥쑥
싱싱한 굴과 탐스런 전복 멍게의 유혹
꼼지락 꼼장어는 불판 위서 지글지글
즐비한 생선갈비 허기진 배 재촉하더니
보리밥집 양푼에 나물 반찬 비벼먹고
가을비 속 자갈치 행진 등 따시고 배불러
방파제 천막 아래 파도 소리 후려치는데
오동나무 막걸리 집 추억 의자에 걸터앉으니

연탄불에 노릇노릇 갈치 굽던 어머니 손등
육 형제의 쟁탈전이 해풍에 동동 둥둥거려
출렁대는 함박웃음 자꾸만 눈이 가는
내 고향 바다의 즐거움이다.

화장을 하며

거울 앞에 앉으니
거울 속에
또 다른 내가 앉아 있다
전혀 상처받지 않은
평화로운 얼굴로
스킨을 두드리면서
살살 나를 달래고
비비를 펴 바르면서
잘못을 덧칠하고
분첩으로 때리면서
용기를 붙잡고
갈매기 눈썹을 그리며
사랑을 꿈꾸고
연분홍 볼터치로
그대를 만나고
새로 태어나고 있는 내가
눈이 웃고 있는 내가
그대 돌아올 기약이 없는
떨리는 파문 속의 강
베토벤의 합창 교향곡에
포옥 날 맡긴다.

아직도 가슴이 뛴다

수평선과 하늘이 맞닿은 바다
오륙도 해파랑 길 언덕에 서니
험한 세상 먼지 훌훌 씻으며
진초록 바다는 머리를 감는데
솟구치는 파도에 생동감이 물씬
윤슬 잊혀지지 않는 고향 바다
하늘과 바다 정기 내 가슴 속으로
눈부시게 현혹되는 그대 눈빛에
아직도 내 가슴이 뛴다

오늘 따라 더 잔잔히 실려서 오는
저 살물결 사이사이로
어디 한 번 네 모습 그려나 볼까
해초 향기 물씬 뒤집어쓰고
맑은 영혼 스며든 부러운 실크로드
은빛 억새처럼 선회하는 방랑자
눈부신 외출을 하는 스케이트
첫사랑 나뒹굴던 방파제에 앉아
기다림에 지친 추억담을 마시며
가을 전어의 바다를 핥는다.

가을날 친구의 소포

고서 수십 권들
사과 상자 속에서
차곡차곡 단봇짐을
손수 키운 밤송이도
꿀벌의 무등을
보내준 보이차로
목젖을 헹구는데
서늘한 가을날
창밖 산그늘 아래
싱그러운 우정탑
마구 솟구치는데
청옥 빛 하늘과
진초록 숲 스케치
맑은 네 편지들
우수수 쏟아지는데
알토랑 꿀밤 속에 숨어서
꿀꺽 삼켜버린
배려의 미소는
살면서 경험하지 못한

영롱한 옥구슬인데
감지해변 따스한 몽돌은
내 어머니의 젖가슴인데

쓰르르르륵 차르르르륵
후려치며 마구 적시는
고향 바다의 파도 소리는
내 눈시울 적시는
가을날
친구의 소포다.

대저 생태공원 유채꽃축제

우리 꽃구경 가요
지하철 3호선 강서구청역에 내려요
그 옛날 대파 밭이던 대저 들판이
온통 유채꽃 여울로 술렁술렁거려요

수십만 평에 펼쳐진 유채꽃 축제는
샛노랑 물감을 쏟아 부은 수채화
성급히 뛰어드는 유채꽃 바닷속
연인들 셀카봉의 나비가 되어요

아이들 깡충깡충 토끼가 되고
나도야 귓가에 유채꽃 꽂고서
폼 잡는 영화 속 주인공이 되어요

유채꽃에 홀리고 유채 향기에 취해서
뒤뚱거리는 오리 궁둥이가 되어
낙동강 고수부지를 싸돌아다녔어요

수천수만 송이 유채꽃도 눈부신데
꽃빛 바람이 마구 마구 불어와서
낯선 사람들 마주 보며 웃고 있지요

꽃이 사람인지, 사람이 꽃인지
유채꽃이 예쁜지, 내가 예쁜지
이걸 보낼까요, 저걸 보낼까요
도대체 꽃 속에서 나오질 않아요.

보수동 책방 골목

은행잎 나뒹굴던 보수동 사거리
골목 어귀부터 심장이 쿵쾅거린다
내 젊은 날의 향수가 밀물 쳐온다
천장까지 꽉 메운 낡은 책들과의 만남
아슬 아슬 내 눈빛과 마주쳤던 순간들
얼른 내 것인 양 품에 끌어안고서
기쁨으로 충만했던 희열의 곤두박질
카나리아 혼魂이 깃든 고서古書 한 권
널 찾기 위해 몇 바퀴나 헤매었던가
그토록 소중했던 지혜의 선물들이
창가 눈높이에서 유혹을 한다
모월 모일 보수동 헌책방에서
15원에 구입한 빛바랜 글씨체는
반세기 세월을 훌쩍 넘기고 있다
여중 시절, 여고 시절 퍼 올렸던 두레박에
아이 시절 해맑았던 진동의 웃음소리들이
보수동 먹자골목 긴 통나무 의자에 앉아
녹두죽과 국수가락 송송 훌훌 들이켰던
그때 그 시절 풋풋했던 추억담이

뛸 듯이 날뛰었던 책과의 입맞춤이
오늘 이 낯선 거리 어설픈 문패 앞에서
결코 낯설지 않는 진국의 항해이다
보수동 책방은 인생의 항로
가끔 돛대를 거꾸로 돌린다
누우런 책갈피 갈피마다
말없이 숨어서 날 초대하고 있다
지금도.

바람의 언덕

바람 불어 좋은 언덕 영덕풍력 발전단지
바람이 바람에게
정갈한 해풍 겨드랑에 끼고서
추억여행을 떠나잔다

탁 트인 영덕의 경관
청정한 공기가 맴도는
쪽빛 바다 오존의 신선함
저기 저 바람의 선한 빛깔들이
풀빛 풍차를 지천으로 돌린다
빛나는 활력으로 쉼 없이
색 색 쌕 쌕 쌔쌔 쌕쌕쌕
동해의 일출 마구 흩날리면서
가창오리의 군무이듯
비상을 꿈꾸는 짙푸른 수채화
웃음 가득 뿌리는 바람개비
속삭이는 밀회의 회전목마
그대는 바람바람바람
줄행랑치다가도 되돌아오는
지금도 날 간질이는 청춘
바람의 언덕은 고향 바다로의 귀향.

연서戀書

기쁜 일이 밀물처럼
밀려오던 날도
슬픈 일이 소나기 되어
쓸려가던 날도
그리움이 차올라서
두리번거리던 날도
마음에 붓을 들고
쓰고 또 지우던 날도
어제 있어 오늘이
행복하던 날도
내일 있어 모레가
희망차던 날도
눈감으면 떠오르는
벙긋한 미소도
오직 그대 있어
가능한 일이라오.

시는 여명처럼

아침 물안개를 헤치며 떠났을 때
태초의 바다가 하얀 포말 뿜어댈 때
마음을 강물에 띄워 보내고 싶을 때
백마강 뱃길 따라 신선의 나부낌일 때

가슴 시린 그리움을 감추고 싶을 때
장미 꽃잎의 숨결을 접목하고 싶을 때
아름다운 청춘을 모방하고 싶을 때
꿈속에서 널 보려 기웃거리고 싶을 때

메마른 너의 단비가 되고 싶을 때
널 보면 할 말 다 못 하고 돌아섰을 때
쏟아지는 소나기를 흠뻑 맞아 보았을 때
역경 앞에서도 너를 떠올리고 싶을 때

친구의 눈동자가 표류하는 돛단배일 때
반백의 머리카락 아이 시절 친구들과 만날 때
팔순 노모의 뜨개질 솜씨가 예술의 극치일 때
부모님의 영혼이 내게 흥건히 머무를 때

태종대 감지 해변 몽돌의 젖가슴에 손을 넣을 때
높은 준령 바래봉에 철쭉이 만발할 때
연분홍 수련 속에 노란 수련이 곁눈질할 때
매화 꽃봉오리를 박새가 냉큼 먹어치울 때.

침묵 속에서도

느껴진다
보인다
두 손을 모으고
염원하고 있는
그대 모습이
네 모습이
있는 그대로
좋아하고
사랑하며
나를 위해
기도하는 너
눈을 감아도
눈을 떠도
벙긋이
웃고 있는
넉넉한
내 마음은
부자다.

자갈치 생선 갈비

영도 봉래산 마주 보는 고향 바다에 오면
발길 딱 멈춰버리는 찰진 향수병 있지

남항동 나룻배 통통거리며 넘나들던
아이 시절 깔깔대던 수채화 들려오지

고등어 갈치구이 양손에 붙들고서
입안 가득 낭만을 꿀꺽 삼켜 버렸지

네 그리움이 찰싹찰싹 밀려와서는
방파제를 후려치며 철썩철썩거리지

첫사랑 이별연습 영도다리 난간 위
부산 갈매기도 서글피 사라져버리지

지키지 못한 약속 때문에 왔다가 갔다가
아쉬운 추억담 아직도 귓전을 때리지

만약에 그때 그 시절로 돌아간다면
방파제 파도의 입술 놓치지 않겠지

여기 오동나무 선착장에 기대어 앉아
생선 갈비 실컷 물어뜯어나 보아야지.

아기 능금의 유혹

저녁 어스름 사람의 왕래가 많은
부산역 건너편 과일 차에 쌓여있는
탐스러운 과일 앞으로 모여든 사람들은
처음엔 방울 토마토인 줄 알고 멈춰 서서
트럭 위에 아기 능금이 밤처럼 한가득해
난생 첨 만져보며 먹어보는 쪼그만 사과들이
먹거리로 태어나 손짓을 하고 있었지

분재에 매달린 방울 사과는 먹지 못했는데
한 입 베어 문 아기 능금은 꿀물이 주루룩
"하나만 줘요 두 개만 줘요 하나 더 줘요"
자꾸만 손을 내밀어 금세 동나
냉큼 과일 차로 다시금 달려가는 발걸음
이젠 빼앗기지 않으려 가방 깊숙이 챙겼지

빨간 자줏빛으로 태어난 황금 먹거리
햇볕의 애무에 골고루 탱글탱글 잘 익은
부신 꽃잎의 희열 능금 나의 사랑
당신 새끼들 오물대는 저 입술 좀 보소
아기 능금을 닮은 입속에서 아싹아싹
손주들 먹거리로 탄생되는 순간이었지

탐스런 아기 능금 한 소쿠리의 유혹
귀여워서 어쩔 줄 모르면서 깔깔대는데
먹고 또 먹는 꼬마들의 꼬막 입술들
꼬막 능금이 이쁜지 손주들이 이쁜지
통 분간이 잘 안 되는 오늘 밤
행복은 앙증스럽게 반짝거렸지
살다보니 이런 희열도 맛보는구려.

구룡포 겨울 바다

영원히 사라지지 않을
구룡포의 원시 파도는
시린 청동의 눈빛으로
쉴 새 없이 달음질쳐 온다
하늘과 바다와 태양의 숨결이
호미곶 해맞이의 무등을 타고서
구룡포 파도는 거품을 내 뿜는다
고래의 정열로 날 흥분 시키며
마구 쓸려가는 원시 파도는
젊음의 광채로 눈부시게 밀려온다
억겁의 세월 동안 내뱉은 파도의
아직도 지치지 않는 심장박동 소리
기나긴 순례자의 말씀처럼
우후우후 쉼 없이 다가만 온다
과메기 덕장 사이사이로
피어오르는 해풍의 전시회
시간도 멈추고 슬픔도 사라지는
태양에 나도 휘영청 말리고 싶다.

겨울 속 행진

잔뜩 찌푸린 겨울 날씨 사이로
흐린 하늘인데 장미꽃이 핀다
찬바람을 휘젓는 가벼운 발길
배낭을 메고 양손에 가득해도
나눔의 봄바람 내게 불어와
푸치니의 오페라 라보엠의 산책
정열적으로 사랑을 고백하는 오페라
강풍을 지나 마음을 녹여 주는 듯
호소력 깊은 눈빛으로 부르는 아리아
잔잔한 회상으로 따뜻이 감싸준다
주인공 "로돌프"와 "미미"의 애절한 사랑
그녀의 생명은 등잔불처럼 꺼져만 가도
사랑하는 사람의 품속에서 "잘 있으오"
당신은 결코 돌아오지 않는구려…
이별의 아픔을 찬란히 노래 부르니
힐링 음악은 날 치유하고 있는 듯
온갖 상처를 보듬으며 훑어간다
비로소 너에게로 다가가는
그 오솔길을 찾을 것만 같다
바다처럼 무한한 음악의 영혼 속으로
이런 음악을 모르고 살다갈 뻔 했다.

백자 달 항아리

두 눈을 감아본다
백자 달 항아리와의 인연
무작정 안고 와서
마치 내 것 인양
보듬어 안겨드는
내 마음은 평온이었다

다시 찾은 도자기 체험 교실
시를 짓듯이 거듭 반복되는
사랑으로 빚어지는 곡선
여인의 목덜미 훑어내리는
그것은 예술의 압권이었다
오직 침묵과 끈기만으로
온몸으로 퍼지는 몰입의 세계
쉼 없이 물레는 돌아만 가고
양손으로 어루만지는
하염없는 사랑의 굴레
한 시인의 고뇌가 담긴
끝없는 집념의 투시

그것은

영원한 서정의 화두였다

내가 그대 항아리를

포옥 껴안고 있는데

오히려 항아리가

날 폭 껴안고 있었다.

다시 찾은 우포늪

가을빛 짙은 코스모스 산자락 따라 다시 찾은
십 년 만의 발걸음은 낙동강 지류 따라 하염없이
두근두근 흐느적거린다
수천 년 풍상에도 끄떡도 없이 그림처럼 보존되며
초자연 그대로 살아 꿈틀대며 억새 마구 휘날리며
머리엔 흰 꽃을 인 물의 여신이
스르륵 물 위를 무단 횡단한다
물 위 수련과 가시연꽃들 마치 눈물 젖은 황금 꽃단지들
살색과 코발트빛의 오묘한 향연 속 기다림마저도 눈이
부신다
멍든 육신 널어 말리려 자궁 밖으로 훌쩍 뛰쳐나온
수천수만의 꽃술들이 인디언 북소리에 둥둥 떠다니랴
후다닥 저어새 서너 마리 무리 지어 나아가랴
따뜻한 오수를 즐기는 청둥오리 곁에서 큰기러기
나래 타고 노을이 된다
물밑 깍지 끼고 물 아래 뒤엉킨 우포늪 7할은 땅이 되고
3할은 젖은 습지 수많은 어패류와 동식물의 보고인
삶을 지켜보면서 인간의 삶처럼 서로서로 도우면서
살아 움직이는 고여 있어도 썩지 않는 상생을 본다.

제2부

詩 한 편 값이 얼마입니까

삶

가만히 빨려드는
품속의 명상이다
날 훔쳐보는
반성의 순간이다
삶을 되돌아보는
여유로운 흔적이다
청춘을 되돌리는
후회없는 준비다
날 어루만지는
당신의 속삭임이다
매순간 사랑해야하는
아쉬운 몸부림이다
상처를 보듬어주는
따사로운 배려다
황혼에 머무는
회귀의 간이역이다
모든 게 사라져버리는
분명한 진리다.

가랑비 오는 선운사의 늦가을

온 산에 흐드러진 꽃무릇의 향연으로
선운사의 가을이 시집을 가더니만
가을비 촉촉한 선운사의 단풍길은
화려한 꽃댕기 머리 위에 수를 놓아요

은행나무는 온통 황금을 뿌려놓고서
머리부터 발끝까지 도배를 하고 있고
비에 젖은 단풍잎은 더욱 짙은 눈빛으로
진다홍 차림새로 사색의 발길을 재촉하고
나뒹구는 은행잎은 젖어서 더 샛노랗고
서서히 떨어지는 낙엽은 꽃가마에 얹혀가고
개울가에 어와둥둥 돛 자리 깐 낙엽들은
동심의 종이배 유영하며 유유자적 퐁당퐁당
꽃무릇은 꽃가마 타고서 홍시처럼 흥얼거리고
단풍 속에 매달린 감도 더더욱 반지르르
일제히 환호하며 보릿대춤을 추면서
희망의 몸짓과 화해의 상모춤을 흔들어요

저 아름다운 유혹의 사랑들 좀 봐요
사람들은 발길을 통 재촉하지 않아요
모두가 무대 위의 주인공이 되어요.

에덴공원의 부활을 꿈꾸며

승학산 산자락 강변에 탁 트인 나지막한 에덴공원
예부터 명승지로 이름이 나 연인들이 즐겨 찾던 곳
젊은이들 낭만 가득한 추억들이 넘치던 곳
지난 삶이 마구 스치던 황혼의 노을이 불타던 곳
그 강변에서 듣던 음악들이 이제 흐르게 된다니
옛사랑이 진정 생각나는지 얼른 달려가 바라보리.

오리 둥둥 떠나가던 갈대숲 사이사이를 지나서
쪽배에 몸을 싣고서 학창시절 꿈이 젖어있는 곳
갈대밭 스치면서 첫사랑 눈여겨 훔쳐보던 곳
그대 가까이 앉고파서 자리를 옮겼던 내숭들이
계절 따라 기막힌 음악들에 발목이 붙잡히던 곳
토속주점 지붕들 갈대로 엮은 스피커의 깜짝 소음도
결코 싫지 않았던 지난 시절의 소중함이 베여있는
옛 에덴공원의 부활을 꿈꿔 보리.

비가 내리면 질퍽거리던 진흙탕 길에서도
마냥 깔깔대던 여고 시절 친구들과 머물던 곳
푸드득 동시에 치솟던 철새들의 군무도 내 가슴 속에
황홀한 수채화를 남겨 주었던 곳
일 년 내내 머물고 팠던 그곳을 어찌 잊으리
클래식과 팝송이 강변을 마구 뒤흔들어
누구나의 가슴을 쿵쿵 쾅쾅 설레게 했던 곳
젊음과 낭만의 이상향 그 에덴공원을 어찌 잊을 수 있으리
7080세대들이여 아니 사랑에 목마른 청춘들이여
우리 모두 에덴공원의 부활에 힘찬 박수를 치면서 기다리리.

- 詩와 수필 봄호.

대장장이의 담금질

1.
저 빛나는 식칼의 운명은
인내의 담금질이다
처절한 희생을 보라
대장장이의 손끝에서
수백 번 매를 맞고서
펄펄 끓는 용광로에 잠겨
몸뚱어린 불태워 녹여지고
찬 용액에 빠진 영혼은
피식피식 빨리 도망을 가고
다시금 매를 뚜들겨 맞고
또 용광로로 직행하고
거듭 찬 용액에 빠져서는
스스로 제 몸 추슬러
더 단단해지려는 저 몸부림
모진 고통을 감내하며
더 예리해지려 발버둥 치는
어느 쇠막대기의 환생
진정 값진 승리를 보라

2.

우리네 삶도 똑같지 않느냐
저토록 피나는 시련 속
이리 치이고 저리 치이고
스스로 참고 견디라한다
지나간 것은 지나간 대로
너무 벅찬 일 앞에서도
꿋꿋이 헤쳐 나아가라 한다
보라 얼마나 많은 사람이
산더미 같은 무한반복 속에서도
묵묵히 참고 견디며 흐느적흐느적
하루하루를 살아가고 있음을
그냥 그대로 그렇게
다져지고 또 다져지면서
회오리 비바람이 몰아쳐 와도
저 대장장이의 담금질처럼
그렇게 그냥 그대로
살다가 가라고만 한다.

다대포의 노을도

수평선 가까이 은빛 바다 너머
홍시 같은 해 이글거린다
저마다의 가슴에 고뇌를 읊은 황혼이
하늘과 바다와 구름을 벌겋게 수놓더니
훌쩍 스쳐간 청춘이 왠지 씁쓸해져
내 절인 맘 활짝 열어젖히게만 하더니
하늘나라 부모님의 모습도
눈물 글썽거리게 하고
아이 시절 도기 회사 언덕
사금파리 동산의 추억담
소꿉놀이 신랑각시 수줍던 웃음소리 들리고
청년 시절 여수 여객선 이별의 손수건도 보이고
청춘 시절 짝사랑 풋풋한 아쉬움도 스치고
내가 엄마 되어 내 새끼 안던 젖무덤도 껴안고
그대 손짓하던 솔깃한 설렘에 두 뺨도 물들고
송도 구름다리 왔다가 갔다가 통금시간 달음박질도
하염없이 안겨서 떠갔던 둥둥 다대포의 일몰도
당신을 배려하며 사랑하며 거머리가 되리라던 맹세도
저 끝없는 수궁의 자세에 두 눈을 감는다

일몰의 휘황찬란함 앞에 엎드려
살아 있다는 존재 이유마저
황홀했던 당신이
지금 내게 온다면
온몸을 쪼개어
황혼을 적시는
그런 시를
쓰라고만 한다.

방랑의 시인

내가 시를
쓰기 전에는
나는 다만 한 여인
어머니일 뿐이다
내가 시를
쓰게 되었을 때
나에게로 온 그대
사랑의 꽃을 그렸다
내가 시와
눈 맞춤 하던 날
그대는 내게 다가와
내 청춘의 조각배 되고
그에게 가서
그대의 애인이 되고
시인이 되어
쓰고 싶을 때 쓰고
지우고 싶을 때 지우고
떠나고 싶을 때
떠나는 자유.

록 페스티벌 해변에서

몸도 마음도 머리카락도 뛴다
주인공도 관객도 넘치는 맥주다
아무런 말이 필요 없다
오늘 밤 그대를 포기할 수 없다
이 순간 이 행복을 놓치고 싶지 않다
해풍과 춤과 노래 오직 환희뿐이다
해변의 심장도 쿵쾅 팔팔거린다
미친 맨발이 지축을 흔들어댄다
밤바다는 놀라 줄행랑을 친다
마구 소리 질러 소리 질러
영혼과 육체가 동시에 아우성이다
어제의 슬픔도 분노도 발사된다
나도 그 틈에 끼어 청춘이 된다

최상의 기쁨이 한순간에 울음바다
그들은 모두 무대 위의 원앙새
일제히 엄습한 오르가슴의 극치.

을숙도의 군무

모처럼 얻은 자유의 시간
광활한 을숙도의 일몰을 향해
억새 춤추는 들녘의 바람 따라
새처럼 가벼운 몸짓이 된다

저 푸른 하늘과 흰 구름 사이로
갈대숲을 박차고 일제히 치솟아
세상 밖으로 떠나가는 흰 새 떼들
눈부신 해탈의 순간을 본다

물 섶에 얼굴을 파묻어둔 채
그대와 함께 안식의 노를 젓는
하얀 버선 발 학 같은 춤사위
후다닥 무리 지어 날아만 간다

수많은 일렬횡대의 기막힌 동행
친구의 영혼까지도 마구 후려치며
결코 절대로 부딪히지 않는 선율
진정 웅장한 콘서트의 전율이다.

여름비

온종일 부슬비가 뒤척이더니
잠시 휴식을 취하는지
봉대산 위를 산안개들이
쉼 없이 산책하고 있다

다시금 들을 수 없다하여도
미치도록 좋아하였던
그 목소리 그 눈동자들이
비 눈물 적시고 있다

영혼이 머무는 저 하늘가
지금도 지켜보고 있는
잊혀 지지 않는 기억들이
눈부시게 살랑대고 있다

온 세상을 향하여
온 세월을 스치면서
뽀오얀 해무 속에서
화해를 흩날리고 있다.

탄산수

신사의 가면을 쓴 탄산수
마트 가판대 위 사열식이다
말쑥한 정장에 넥타이까지
수소 둘 산소 하나
물 분자의 바코드 뒤집어쓰고
목마른 자의 갈증을 해소한다
톡 쏘는 시원한 청량음료처럼
산뜻하게 목으로 넘어가는데
아무리 잘 차려입고
비비까지 찍어 바르고
선글라스에 모자까지 휘날려도
탄산수야
너는
저 영구히 샘솟는
삼천리금수강산
옹달샘의 석간수
그 생명수의 용틀임이
될 수 없단다
결코.

파일 사랑

너는 언제나 나에게 아무것도 요구하지 않고 보채지도 않고 있다
너는 기다림만으로 반짝거리며 늘 긴장의 끈을 붙들게 하고 있다
마치 임무인 양 오늘도 거듭 너에게 달려가 포옥 안기고 있다
여백과 가까이 쓰고 또 써서 자꾸만 포개지려 하고 있다
계절이 바뀌는 길목에서는 그리운 이에게 안부를 전하고 있다
기쁠 때나 슬플 때도 그 감정 그대로 충실하게 첨벙거리고 있다
솟구치는 청춘에서 황혼의 들녘까지 채워지고 또 채워지고 있다
또박또박 내 감성을 놓칠세라 신명조 글씨체는 등불을 밝히고 있다
완성된 파일 또 한 장 넘길 때마다 힘찬 격려의 박수를 보내고 있다
좌판 위 열 손가락은 긴장하면서도 분주히 살아 움직이고 있다
스르르 세월의 강가에서 사랑을 꽃피우는 무대의 주인공이 되고 있다
결코 네 속에 침잠하고 마는 이끌림은 강렬한 지남철이 되고 있다

끝없이 투명한 네 유혹의 손길들 오늘도
내 창작의 은밀한 밀실이 되고만 있다.

낙쭈랑 소주 한 잔

초저녁 서면 영광도서 앞에만 오면
야경의 무지개 분수에 취하고
낙지와 쭈꾸미가 고추장에 빠져서는
얼큰한 마력이 혓바닥을 매료하고
낙쭈랑 먹고 소주 한 모금 마시니
자분자분 낭만의 홍시가 되고
한 잔이 두 잔 되니 잠시 몽롱해져
우정과 사랑이 오락가락하고
사랑 한 번 제대로 못 해 보았다
푸념의 술잔이 꼴깍꼴깍거리고
그냥 그렇게 자석처럼 딸려갈 줄
화끈한 낙쭈랑에 소주가 빠져서는
자꾸만 한 잔 더 마시라하니
돌고 돌아가는 분수의 넋이 되고
휘황찬란한 야경이 마구 흩어져
유혹의 물꼬를 한 번 더 보려하고
그대와 마주치는 소통의 눈빛은
시선을 회피하며 몸 둘 바를 모른다.

그럼에도 불구하고

약해져버린 능력에서
벗어나길 갈구하는
자신에게 던져주는
이 두 마디 제시어는
삶에 뭉클한 용기를 준다
반복해서 읽다보면
결코
포기하지 말라고 한다
지금 몸이 아파도
지금 돈을 못 벌어도
홀로 자립을 가능케 하는
주머니 속의 저축
절망을 내딛고서
하루하루를 성실히
희망차게 살다보면
기대하지 않고 있을 때
반드시 뜻밖의 즐거움이
풍요로움으로
다가온다는
가르침이다.

남이섬 탐방

때 묻지 않은 북한강의 남이섬
오월의 신록 원시림 속으로
사방이 술렁술렁 속살거리는데
수백 년이 깍지 낀 숨결 아래에서
마구 비벼댄다 꽃비처럼 흩날린다
스르르르 나룻배 무작정 떠가는데
흩날리는 물안개는 신선의 수채화
메타세쿼이아는 초록빛 동굴
홍송들 무르익어 배배꼬여 있고
연리지는 연리지를 잉태하면서
열댓 가족끼리 똘똘 뭉쳐서
서로 엉킨 채 헤어지지 않는다
맘 설레며 살며시 한 발짝씩
달밤의 남이섬은 백야의 라운드
별밤의 남이섬은 황홀한 꿈
새벽의 남이섬은 물안개의 외출
무언의 화음에 두 귀를 적신다
한 줌밖에 안 되는 미미한 존재
바람 앞 등잔불 심지가 되어
사람들 할 말을 잃어버린 채

서글픈 사연들에 글썽이는 눈시울
연초록 잎새들과 나부끼다가
늠름한 대장부가 이끌어주는
파라솔 품 안에서 훨훨 훨훨훨
굳어버린 소망이 춤을 춘다.

압화

눈부시게 유혹하던
야생화 꽃잎들은 이제
도시생활을 그만 청산하고
납작하게 침묵으로 엎드린 채
지루한 세월 끌어안고서도
그대 곁에 스며들고만 싶다

훌쩍 스쳐간 청춘을 거슬러
감쪽같이 다시 태어나고파
윤기 다 증발하였어도
지금 이대로의 열정으로
그대 안에 닿고만 싶다

문득 책장을 넘기려다가
잊지 못하는 그리움으로
지혜의 골수에 영양분으로
바싹 마른 기다림이라도
다시 그대 곁에만 머물고 싶다.

사랑만이 남는다

영도 방파제의 파도 날카로운 첫 키스의 흔적에도
애정을 품었던 이십 대의 짝사랑 그 눈빛에도
밥은 굶기지 않겠습니다 호소 짙은 당신의 눈빛에도
폐병에 감염됐던 세 살 아들의 파리해진 얼굴에도
천식에 잠 못 이루던 그렁그렁 개짓는 기침 소리에도
비후성비염 콧살이 자라나 자르고 또 자른 수술에도
축농증 뇌 속에 전이 6시간 수술 무릎 꿇던 기도 속에도
아들 손자 기저귀 추켜올리던 두루뭉술 포만감에도
딸 손녀 아랫도리 기저귀 쓰다듬던 개분함에도
영양수프 끼니마다 챙겨 먹이는 세 손주 밥상에도
아파도 결코 말 안 하는 벙어리 냉가슴 딸에게도
모진 통증 잘 견뎌낸 장한 세 아이 엄마 훈장에도
암 투병 방사선 견디는 후배를 위한 먹거리에도
두 바퀴 자전거 인생 인슐린 펌프 찬 당뇨 극복기에도
마른 인삼 한 뿌리 자근자근 씹어 먹는 당신 모습에도
이해 못 해준다고 미워했던 내 마음속 초점 오류에도
따신 점심 밥상 차려 온갖 배려 속 사랑만이 남는다.

가을 예감

창문이 살며시 닫아지고
이불이 저절로 당겨진다
잠 못 이루던 열대야의 밤
세상만사 다
걷어찬 것 같은데
아직도 풀벌레 소리
허공에 진을 치는데
무더위에 지쳤던 몸이
가을 햇빛 아래에 서서
짙푸른 하늘을 쳐다본다
청록 빛과 쪽빛의 대비
눈부신 색감이 유혹을 한다
저 산등성이는 산바람 타고
청명한 너울로 구름을 삼킨다
흐릿한 나의 시야는
산안개 피어오르는
가을 산문을 여닫는다.

허브 오카리나

가만히 눈감고 엿듣는다
가만히 눈뜨고 웃는다
소중히 가슴에 떠받들며
네 목소리에 촉각을 세운다
오늘도 그대에게 닿고 싶다
네 입술에 내 입술을 포개고
손가락들은 각자의 위치에 선다
바르르 꽃잎 떨어지는 소리
내 사색은 홀연 숲 속이다
황령산 휘파람새
날 언제 찾아왔는지
아름다움투성이 내 품 안에 있다
숨죽여 날 다독이는 촉감
내 안의 혼과 접목되는 순간
임이 그리워 우지짖는 소리
그대 짐작이나 할까
투루투쿠 투루투쿠 피리리릭
둥둥 작은 거위 호수 위를 떠가듯
내일의 꿈과 희망을 향하여
오카리나에 실려서 간다
나는 너를 통해 숨은 세상을 본다.

어떤 행운

삽상한 늦가을의 운문사 뜰 안
홀연히 나타난 토끼 한 마리
홀로의 불안과 초조를 본다
산사의 고요와 적막 속
오직 잎새의 흔들림 뿐
왁자지껄 세상으로 멍청히 나온
까만 눈과 까만 귀 뽀오얀 몸체
화들짝 놀라 숨바꼭질한다
자신이 그리 우아한지 아는지
쏟아지는 사람들 눈동자 속으로
결코 시선을 피하지 않고서
웅크리다가도 귀 쫑긋 세운다
색감의 풍요를 온몸에 지닌 채
산토끼인데 옥토끼의 광채가
범종 소리에 노란 양털구름 송이
보는 이마다 행운이 온다는데
폴짝폴짝 깡총깡총 잘도 숨는다
순간포착 인화된 토끼 한 마리
무료와 초조에 희망을 껴안아
풍요의 상징과 눈 맞추고 싶은
사람들의 간절한 소망이 된다.

봄날의 흔적

성큼 봄날이 와 쑥 캐는 들녘은
그들과 나누는 情의 연결고리
쪼그리고 앉아도
무릎도 아프지 않다
스쳐간 사람들과
눈도장을 찍으려
침묵으로 전진한다
한참 후
하늘 한번 바라보니
끈끈이주걱마다
매달린 생명들이
구름의 넋이 되어
두둥실 떠나간다
몸은 무거운데
치닫는 발걸음
소중한 웃음들이
오늘도 들판으로
내몰고 있다
훨훨
가뿐해지는
발자국의 흔적.

무지개의 아우라

- 2012. 3. 3. 9시

난생 첨 바라보는 무아지경의 광경이었다.

성큼성큼 피어오르는 하늘가의 붓글씨를
꼼짝 않고 쳐다본 거대한 수채화 한 폭
쓱쓱 마술처럼 피어나서 하나도 틀리지 않고
빨.주.노.초.파.남.보 일렬횡대의 곡선으로
동시에 7가지 색칠을 뿜어내는 예술이었다.

기장 교리 어느 요양원 지붕 꼭대기에서부터
일광산 산자락으로 펼쳐진 황홀한 무지개
마치 페인트공이 하늘에다 채색을 한 것처럼
육교를 향해 걸어오는 어느 여인에게
"저기 저 큰 무지개 좀 보셔요
와아 세상에 엄청 큰 무지개가
불과 삼 분 동안의 연출이었다.

다빈치와 미켈란젤로의 인문학 수업 중
사실주의 생명력의 내면세계를 배웠다.
창작자가 뿜어내는 무수한 아우라의 세계 속
흠뻑 빨려들어 황홀했던 젖은 경험이었다.

어스름 저녁 늦은 귀가 시각에
“아버지 교사발령 났습니다”
시집가서 십년 세월 포기한 교사의 길
사대를 졸업한 딸의 목소리가 울려 퍼졌다.

그것은
오전에 본 눈부시게 황홀했던 하늘의 아우성
쑥쑥 피어오른 희망찬 무지개의 아우라였다.

詩 한 편 값이 얼마입니까

"감사하는 마음이 바로 인생의 기쁨이다"
미국서 보내온 카톡 제목이다
"그래 아직 안 자니 화요일 아침 8시 45분이야"
"고국은 밤 12시 41분 이제 수요일 시작이야"
이민 간 여고 친구와 대화를 나눈다
카톡 덕분에 국제 전화하고 있는 듯
멕시코 선교활동 하고 오니 피곤하다네
기도생활 부러워 우정을 다독거리는데
가족들 먹거리 짊어지고 다니는 땀방울에
부채로 자분자분 속살거리고 있는 위안
"내가 평안히 눕고 자게 하시니 감사"라며
포근한 베개에 온유한 꿈나라 영상까지
잘 자라며 영혼을 포근히 감싸는 친구
오늘도 역시 나를 깨우고 만다
한밤중에 일어나 손편지를 쓰듯이
쓰고 또 써내려간다 하염없이
더욱더 또렷해진 의식 앞에
무의식은 줄행랑을 치는데
문장 하나 채우기 위해
날밤을 지새우고 있다
詩 1편 값이 얼마이기에…

제3부

내 주위에는 누가 있는가

그대 생각

눈을 가만 감으면
그대 생각이 나
저 잔잔한 숲속 바라보지요
쭉쭉 치솟은 나무들
가지 끝이 아득해 보이지 않아도
푸른 하늘이 스치어 지나가고
눈부신 태양이 반짝거려요
그대 향한 디딤돌 밟으며
울창한 숲길 걷고 있는 나는
산길을 더듬는 행인이 되어요
더러는 서운 하던 날도
내 머리 위에서 항시
그대 웃고 있음을 알기에
옷깃은 저절로 나부끼지요
늘 어떤 마음으로 사는가
그대 내게 물어온다면
산에 들에 언덕에 핀
화사한 풀꽃 마주보며
그대 눈빛 닮으려 산다하지요

무릎을 꿇는다

무뚝뚝한
당신 곁에서
글쟁이로
산다는 것은
철장 속의 웃음이다
내 시집의 흔적들은
옥조근조훈장에 빛나는
당신이 있어
누리는 행복인 줄
다시금 깨닫는다

“밥은 굶기지 않겠습니다”
40년 전 부모님 앞에서
무릎을 꿇던 모습
살아만 있어도
든든한 당신
이제는
내가
당신 앞에서
무릎을 꿇는다.

가난하지 않다네

1.

구름 한 점 없는 여름 하늘가
온통 뿌우연 잿빛 상공 속
폭염 주의보가 전송되는데
열린 창으로 산바람이 분다
청록 잎새들 살랑대는
무한대의 창공을 향하여
산새소리 째재잭 삐삐리리
녹음이 진동하는 이명의 숲 속
삼라만상에 요동치는 교향곡
감성의 여운을 쓸어 모은다
서둘러 시간을 채우지 않아도
아쉬운 오늘은 흘러만 가고
이제 살아온 시간보다
훨씬 모자라는 투망을 던진다

2.

사계절 또렷이 음미할 명상도
그대 이름 불러 볼 나만의 향유도
내 곁에 누가 머무는지
서로 뒤척이며 잠이 들 시간도
너와 나의 인연도 까마득하다
어느 순간 운행이 중단될지
아무도 알 수 없는 허수아비 인생
왠지 모르게 흘러내리는
눈물이 웃고 있다
저 산은 산바람을 마구 몰고 와
멍한 날 유쾌하게 통과시키니
진정 난
가난하지 않다네.

힐링 클래식 음악 산책

파릇파릇 새순이 움트는 소리
아가가 아장아장 걸어오는 소리
소년이 폴짝폴짝 뛰노는 소리
학생이 헐레벌떡 달리는 소리
청춘이 성큼성큼 꿈틀대는 소리
격정의 사랑 노래 부르는 소리
삼십 대 아이 엄마 간 곳이 없고
사 십대 학교 엄마 간 곳이 없네
슈벨트의 미완성 교향곡 속으로
사랑 노래 여울물 채우는 소리
오십 대 주부 노릇 무르익어서
추억의 두레박 퍼 올리는 소리
모락모락 환희가 샘솟는 소리
쌔앵쌔앵 바람이 불어오는 소리
손주들 품에 안고 속삭이는 소리
육십 대 염색 작전 거울 앞에서
어정어정 노인이 쉬어가는 소리
어느새 할미 되어 한숨 쉬는 소리
칠십 대 길손에게 여쭈어 보라하네
아픔을 나긋나긋 달래는 소리

어려운 문제들 슬슬 풀리는 소리
조각구름 흩어지는 황혼의 하늘가
못다 한 꿈과 사랑 흩날리는 소리
훠어이 훠어이 춤꾼의 살풀이 소리
야윈 영혼에 약수를 끼얹는 소리
저만치 기대어 귀가 열리는 소리
사랑하는 소리
사랑받는 소리
슬픔이 빗장을 잠그고 있네.

기장 군청 7층 도서관에 앉으면

발아래 온통
낮은 산이 웃고 있다
어서 와 여기 앉으라고
전망이 확 트인
창가의 스케치북
꿈틀대는
향학열과
집중하는
관심과
노력하는
창작에
불태우는
청춘이
설계하는
미래가
책 속에
숨어 있다
지금도
늦지 않았다
무등을 태운다
나를.

낙동강 하구의 모래톱 스승님

하단 나루에서 조각배 타고
철새 떼 날갯짓에 멀어만 가는 세월
이제는 늪지에 파묻힌 모래톱 이야기 속
소외된 삶의 애절함과 민초들의 한숨 소리
두레상 너머로 흐르는 강촌의 포구들
보글대는 갯벌 위 토장국 끓던 소리
섬의 생김새가 길쭉한 주머니 같다고
당신은 그렇게 불렀습니다

길쭉한 모래땅 속등 위 걸어보는 사람들
을숙도 사이에 진우도와 장자도, 백합등 까지
그 낙동강하구에는 점점 모래섬들이 쌓여져
다대포와 가덕도 사이가 서서히 육지화로
엄청난 면적이 땅으로 변하고 있습니다

갈대밭 사잇길 조각배 타고 제자들 이끌던
스승님의 흔적은 '요산의 조마이섬으로'
온종일 뇌리에 하염없이 떠다닙니다.

신바람

두근대는 새벽 어스름
질주하는 상행선
가고파서 타는 기차
부름을 받고 타는 기차
상이한 설렘이다
"모두 모두 모여라"
마로니에 공원으로
한국예술인
명찰을 달고서
출근하는 시인
파견 예술인 모집
지혜를 잃지 않고
심혈을 기울인
끈질긴 창작 혼으로
마음을 치유하는
열정의 시낭송가

홀로서기 자립의
예순 넘은 청춘
뛰는 가슴 억누르며
흰머리 염색작전
머리카락 사이로
게으름을 감추니
꽃빛 바람이 분다
이제
눈물 젖은 빵을
먹지 않아도 된다.

짜깁기한 사나이

마음을 타고 전해오는
미역의 쫄깃함 앞에서
다시마도 웃고 있었습니다
한없이 감싸주는
엄마의 포옹 속에서
타올은 행복이었습니다
양팔 가득 끌어안는
은멸치 한 박스의 포만감
그것은 사랑이었습니다
지금 이 순간 이 땅에 살면서
웅성거리는 발걸음의 귀가
정말 살맛 나는 세상이었습니다
소리 없이 퍼주고 안겨만 주는
끊임없는 한 사나이의 베품 앞에서
그들은 그렇게 화해했습니다

어느 날 우연히 본 그 사나이
짜깁기한 바지를 살짝 가리고픈
배려는 여인의 눈물이었습니다.

기장의 만화리

도로보다 낮은 땅
만화리에 닿으면
사방 산으로 에워싸
고지대 산속만 같다
이 산 저 산 마주 보며 살랑대는
청아한 수채화들
온통 숲들의 천국
일광산 노고지리
꽃빛 선율 타고
삐리리 삐삐리리
연초록 잎새들이
산바람에 드러누워
모든 소음 잠재우니
나에게 소리치는
탈출구 "야아호"
옛 풍류만이 머무는
고즈넉한 산사에
되돌아오는 건
감사 또 감사
이명의 가르침뿐.

복더위 풍경 속에는

매미울음소리가
하늘 끝자락까지 몸부림이다
짙푸른 숲 속에서의 진동
마지막 생의 처절한 절규
저토록 하염없이
메마른 허공을 향해
발악의 진을 치고 있다
바람 한 점 없는 폭염 속
아스팔트의 열기는
턱턱 숨이 막히고 있다
땅바닥이 무진장 끓어올라
부글부글 뚝배기 속이다
하루 세끼 동동 밥 짓는 일
땡볕 아래 살아가기 위해 하는 일
다 내팽개치는 풍경 속으로
다섯 동생 바닥에 착 엎드려서
차례로 등목을 기다리던 옛집
그 뒷마당 우물가의 추억담이
짓궂은 형제들의 웃음소리가
두레박 낑낑 퍼 올리던 환희가

이명의 여울로 울려 퍼진다
차디찬 샘물 한 바가지 냉큼
용감히 뒤집어쓰던 쾌감이
환상여행 추억의 뒤안길
그 시린 바다로 달려가고 있다.

봄날에

산새들의
작은 지저귐이
산들바람에 묻어온다
봄날 창문을 열면
연녹색 잎사귀들
그윽이 산들거린다
푸르른 하늘 아래
잔잔한 녹색의 소요
개나리도 술렁거린다
동백이 꽃망울 펴지면
목련이 기지개를 펼치고
자목련이 보초를 선다
시냇물은
돌 틈 사이 촐랑거리고
쑥 캐는 아낙네
속살거리는 투정
생명이 솟구치는
봄날에
부드럽게 젖은 흙을 만지며
대지의 향기를 듣는다.

가죽나무와 개가죽나무

기장 봉대산 숲 속 보금자리
너랑 마주 본 풍경 몇 해 째인지
어떤 나무 속 노란 환희의 손짓
보고 또 보고 첫눈에 반했었지
짙푸른 숲 중앙에 홀연히 피어나
우아한 자태로 늘 유혹하였지
해운대 마천루 도심 한가운데
높푸른 한 그루 궁금증 스쳤지
사람들 의아해 수군거리는데
개가죽 나무라 이름 불러주었지
가죽나무 여린 잎 데쳐먹고 튀겨먹고
진달래 참꽃의 우아한 자태 앞에
철쭉 개꽃으로 시샘 가득 피어나지
자연도 스스로 뻗을 자리 피어나고
생물도 닮고파서 덩달아 겨눈다지
된장국 톡 쏘는 맛 별미 중의 별미라
미더덕이 바람피워 오만둥일 낳았다지
우리도 서로 만나 더불어 나아가야지.

할매의 뜨개질 솜씨

자리 깔고 묵묵히 수련을 하듯
한평생의 추억을 엮는 뜨개질
노모의 작품은 한방 가득 채워져
싫증도 날 만한데 계속 추진 중
황금 색실에 울적한 맘 집어넣고
무지개 색실엔 기쁨을 낚아챈다

한없이 포근하고 솜털같이 따뜻한
빨주노초파남보 색색의 목도리들
수많은 사람 목에 폭 끼워져서는
지난겨울은 그 얼마나 행복했는지
주는 사람도 받는 사람도 싱글벙글
사랑의 주문들 놓치지 않는다

오늘도 돋보기 코에다 걸고 술술
인생역전을 엮어가는 인연의 끈
결코 놓치지 않는 손가락 노리개들
예쁜 디자인의 기법을 더 배우기 위해
아직도 총총걸음 떠나가는 뒷모습
"ㄱ" 자로 굽은 목 그 어매의 자화상
공부하는 존경심이 발목을 붙잡는다

안방 문설주에 커튼처럼 매달려서는
창문만 열면 열정의 눈웃음으로
딸기 수세미와 원피스들 빙그르르
가방과 지갑들이 회전을 시작하는데
팔순이 훌쩍 넘은 나이를 역행하듯
시린 몸짓이 나의 게으른 일상을
늘 후려치면서 채찍질한다.

유리병 애착

서랍식 냉장고는 한 강이었다
백일 숙성시킨 매실 식초 한 병이
감쪽같이 사라져 폭 싹 내려앉았다
걸러서 병에 담아 차례차례 담았을 때
살짝 밀친 느낌인데 아뿔싸
다 끄집어내 놓고 닦고 또 닦고
뽀송해진 서랍 속에 차곡차곡 넣었다
한참을 청소해도 싫지 않은 마법의 통
투명해서 너를 잘 볼 수가 있다
깨끗해서 너를 믿을 수가 있다
씻어서 우려내면 다시금 신혼 방이다

마늘지 양파지 두둥실 떠다니고
깻잎지는 차곡차곡 숙성 중이고
일 년 묵은 대추차는 눈짓을 하고
이 년 묵은 모과차는 빙그레 웃고
샛노란 탱자차는 지리산의 추억여행
기침 잦은 손자들 탱자 향기 들이키고
칼칼한 목 다스리는 달콤한 대추차
나른한 육신을 일으키는 모과차

환경 호르몬도 나오지 않는 유리병
재활용 유리병 깨끗이 씻어 소독하여
햇볕에 말리고 또 말리는 투명한 손길
아무도 방해하지 못하는 끝없는 애착
식탁 위에서 늘 출렁대는 맛깔스러움은
내 고향 바다 따스한 몽돌의 젖가슴처럼
열고 닫고 또 꼼지락 만지작거리는
하염없이 즐기는 유리병 살림살이는
내 유년의 향수가 깃든 소꿉놀이다.

떠나지 않으리라

지금 내가 이 자리에
앉아서 글을 쓰고
걸어가서 장을 보고
다듬고 씻고 요리할 수 있으니
어머니가 그리워진다
늘 젖은 손으로
무엇을 요리하고
육 남매 키우느라
마른자리 앉아볼 시간이
없었던 어머니 자리
자신을 잃어버리고
살아온 고진감래
한가로이
먹거리를 나누고
즐거움을 얘기하고
슬픔을 나누고
서로를 다독이고

눈웃음을 보내는
시간이 결코 없었던
내 어머니 자리를
나는
떠나지 않으리라
이토록 차지하는
명당자리를.

딸은 눈물이다

딸 하나 아들 둘 두었는데
어찌 기쁘지 않을 소냐
기쁜 일도 많겠지만
슬픈 일이 더 많을 것만 같다
끼니마다 영양가 있게 먹이는 일이
어찌 복잡하지 않을 소냐
그래도 엄마 가까이 살고 있어
얻어먹는 일이 즐비하니
기쁠 만도 한데
밝지 못한 표정이
어미 가슴을 때린다
먹거리 먹을 때마다
눈에 밟히는 세 아이
마음과 뜻대로 안 되는 일이
세월 속에 누적되어서인지
딸은 웃고 있어도
울고 있는 것만 같다
한 달 내내 그리 아팠건만
통증을 참고 견디었으니
어찌 모질고 독하지 않을 소냐

아프다는 말
입 밖에도 내지 않았으니
글쎄 큰 병이 아니라 다행
진정
딸은 눈물이다.

제자의 꽃바구니

스승의 날 받아든 꽃바구니 속
팍팍한 제자의 얼굴이
꼭꼭 숨어서 나오질 않습니다
온종일 서서 마구 찍어대는
복사기기 유해 전자파와
가슴 맞대고 늘 씨름만 하는
제자의 고운 모습이
지금도 꽃바구니 속에 숨어서
나를 짓누르고만 있습니다

30년 만에 우연히 마주친
복사 집 주인과 손님으로
날 보고 모른 척했으면
인연도 이어지지 않았을 걸
세월은 청제비의 나래처럼
돌아보면 그 날이 훌쩍
언제 지나 여기까지 왔는지
나를 놓치지 않던 그 시절
그 청춘이 재빨리 다가옵니다

반짝이던 제자의 눈망울이
후다닥 스치어 안기어옵니다
평생 바쁘게 살아온 내 발자국과
제자가 짊어진 벽 속의 일상은
서로 겹쳐지는
동행의 그림자입니다.

뜨거운 매기의 추억

부산여고 졸업 46주년 총동창회 날
전국과 해외에서 천 명 가득 모였다
긴 인생의 여정들 돌아온 선후배
여기 얼마나 감동적인 만남인가
귀밑머리 희끗한 어른 아해들아
여린 푸성귀와도 같은 감성 엊그제 같건만
다 닳은 어머니들 할머니가 다 되어
모진 세상 장렬히도 살아냈다 우리들은
손에 손잡고 노래를 부르는데
뜨거운 눈물이 마구 솟구치는 듯
영도다리 아래 방파제 끝을 무대 삼아서
너랑 나랑 목청껏 불렀던 해풍의 추억 노래
매기 야아 사랑하는 매기 야아…
섬광처럼 번뜩인다 매기의 추억 노래가
방파제는 자나 깨나 우리들의 놀이터였다
사는 동안에도 남은 인생 살아갈 동안에도
매기의 추억노래는 뜨거운 눈물이다
파도 소리 철썩철썩 고향 바다를 향해
여수 여객선 이별의 손수건 마구 휘날리며

저 바다에 누워 울고 웃으며 소리 지르며
영도다리를 씽씽 달리던 전찻길 우정들이
두 전차 스치면 빠이빠이 휘날리던 기억들이
지금 여기 모여 무엇이 되어 흥얼거린다
영도다리 난간 위 왔다가 또 갔다가
가로등이 우리 사이 시샘하던 추억들이
마구 휘날리던 용기와 희망과 절규들이
지금도 가슴속에서 꼼지락꼼지락
밤바다 여객선 기적 소리의 우리
진실로 감명적인 회귀다.

평화로운 내 친구의 향기

멀리 떨어져 있어도
바로 곁에 있는 듯한 느낌이
급한 일이 있어도
내 목소릴 놓치지 않는 배려가
내 앞에 놓여진 굴레
그 벽을 허물 수 있는 용기를
끓어오르는 증오를 스스로
다스리게 하는 양서 한 권을
갈피를 잡을 수 없는
내 마음에 어떤 결단력을
종종걸음 삶에 지쳐도
다시 힘을 되찾는 어떤 저력이
내게 달려와 주라면
스스럼없이 달려올 것만 같은 의지가
자신이 이루지 못한 문인의 길
나보고 가라며 택배로 부친 고서들이
여태껏 많은 친구에게 베푼 손길
보이차의 끝없는 온정의 행렬이
아직 남은 내 인생의 화덕을 활활
타오르게만 하는 장작개비의 불쏘시개
친구의 우정을 혼돈케 하는 내 친구
가아가 가아다!

장안리 느티나무

– 수령 1300년 이상, 높이 25m, 둘레 8m.

기장 장안리 하장안마을의 느티나무
푸르른 거목이 천 년 이상 한자리에 서서
새천년 상징 밀레니엄나무로 선정되어
싱싱한 무성함을 뽐내고 있구나
도대체 나무 끝이 보이질 않아
발끝 치켜세워 하늘을 찾는데
넉넉한 나부낌에 신천지 세상이
천년의 품 안에서 산들거리는구나
해마다 두 차례씩 당산제를 모시어
싱싱하고 거룩한 숨결을 받으니
주위는 온통 여름날의 연꽃 바다
가던 발길 쉬어가라 붙드는구나
세월의 맥박이 천년의 숨결 속에서
우수수 수수수 혼줄을 빼놓더니
갓 피어난 청춘들이 서로 부딪히면서
한 치의 틈도 없이 웅성대는구나
젊은이 늙은이 어른 아해 한데 모여
나라의 번영과 발전을 기원하는 듯
왁자지껄 꿈을 싣고 떠나는 출렁임
내일의 가슴 부푼 희망이로구나.

눈빛만 살아있는 친구

너는야 그 풋풋한 6학년 전교 회장
나는야 널 보좌하는 전교 부회장
열 살 적 벌거숭이 갯바람 친구를
만나러가는 내 심장은 쿵쾅거렸다
지하철 타고 택시 타고 달려가는데
류머티스 병동 중환자실 앞 창문으로
먼 거리 친구 침상 가리켜 주는데
온몸 후들후들 다가가지 못하네
직장에서 병원으로 향하고 있는 아내를
기다리며 서성이는 내 심장박동 소리
그녀 손을 잡고 살며시 다가서는데
글쎄 내 친구의 모습은 온데간데없네
앙상한 노인이 아프리카 굶주린 아이 되어
열 손가락 등산 장갑 낀 손톱만이 보이네
오른손 덥석 잡고 내 시집 품에 들고서
떨리는 온몸으로 날 인식시키는데
친구는 왜 이제야 날 찾아 왔느냐며
알아채듯 어설픈 눈동자 깜빡거리네

목에 난 구멍으로 고무줄 꽂혀 있고
간병인이 수시로 빼내야하는 가래 침
두 다리 펼 수 없어 치켜 곤두선 무릎
어느 세월 속살은 다 말라 버렸는지
꺾어진 두 다리는 너무나 가냘프네
서글피 펼쳐진 고향 친구의 병상 일기
쾌유를 빌 수조차 없는 마지막 길
잘생긴 내 친구 마구 떠올리더니
눈앞을 가로막는 뜨거운 비눈물이
온몸 흥건히 적시며 스쳐가네
올 때는 연산동이 지척이더니
갈 때는 기장이 천 리 길이네
친구야 미안하다
참말로 미안하다
이토록 되도록 뭐 한다고 몰랐는고…

후배와의 시간들

목으로 넘어가던 상큼한 밀면이
눈으로 삼켜버린 아귀찜의 그림이
코로 들이킨 선짓국의 밥상이
꽃빛 바람 타고 나부끼고 있다

끈끈한 정 차곡차곡 인연의 길
구덕산 저수지 울창한 숲길
학창시절 여물었던 사색의 길
옷깃 휘날리던 시낭송의 길

어쩌면 다신 볼 수 없었던
소박한 일상의 웃음소리들이
네 아롱지던 야윈 눈물이
마주 보며 상처를 감싸 안던
내 손도 떨리고 있다

모진 통증을 딛고 일어나
지금 이 순간을 마시고 있다
후루룩 후루룩
늘 어둠 속에서도 염원하던 길
다시 세상을 향해 웃고 있다.

제4부

투시와 명상과 깨달음

첫사랑

귀 막아도 윙윙 울렁이는
내 영혼에 뿌리한
소리 없는 속삭임
살아가는 그 날까지
가슴에 무시로 잊지 못해
인생의 절망과 허무 앞에서도
전신에 퍼붓던 소나기 포말
흠뻑 적셔진 갯바위의 초상
딱 벌어진 석류의 알갱이로
전율의 바다 빨아 마신다
그 때는 차마 말을 건네지 못하고
머뭇거리다 놓쳐버린
꽃잎보다 아름다운
시력의 촉수가 되어버린
내 가슴속에 뛰어놀던 사람아
달콤한 사랑아
행여 삶이 무상하거든
설레는 추억의 아련함 속으로
힘껏 차 버리는 돌멩이 하나
물수제비 파장에 얼굴을 붉힌다.

백색 염료처럼

세상이 온통 눈으로 덮이면
모든 게 정화되며
속살로 가라앉아
술렁 술렁거린다
모자람도 허물도
백색으로 덮는다
힘든 세월의 흔적도
백색으로 지운다
나의 교만도 끌어내린다
내 허영 속 욕망도 잠재운다
맑아져야만 하는 마음
순수의 깨달음도 준다
모든 걸 포용할 수 있는
배려의 흔적도 된다
가슴 깊은 속내 들추며
빗방울 같은 눈물방울
뚝뚝 흘릴 수 있는
그런 마법 같은
시를 쓰라고 한다
네 상처에 스며들어
눈꽃으로 다시 잉태된다.

손톱 밑의 하얀 달

내 손톱은 난쟁이다
짧아서 부지런하단다
게을러도 긴 손톱이고 싶다
열 개 손톱을 깎는 날은 전쟁이다
깎고 갈고 밀고 도려내고
칼슘 바르고 외과의사 같다
하얀 상현달의 출현
그 넉넉함을 위하여
첫 만남은 희열이다
또 만남은 만월의 미소다
그 순간의 희열은
빨주노초파남보 무지개 네일 아트
작은 꽃과 나비도 그리고
바다와 갈매기도
초가삼간 두둥실 박도
밤바다 별들의 향연도
세상만사 채색하는 스케치북
긴 손톱 위 장식은 예술이다

이제 여름이면 맨발의 청춘
발톱도 수채화 열풍이나
나의 작은 소망은
손톱 밑 하얀 달과의 눈 맞춤뿐
살갗을 밀고 또 밀치다가
손톱 밑에 번지던 피
냉큼 입속으로 줄행랑치다
과욕도 도가 지나치면
피를 보는 사치라는 걸
뼈저리게 느끼던 날이다.

절창

– 장사익의 노래

집시의 통곡이
온 가슴에 요동치는 전이다
애끊는 노래가 허공을 치닫는데
무언가 불안을 느끼며 눈을 감는다
슬픔의 끝은 어디까지인가
그 어떤 위로라도 달랠 수 없다
강물 같은 세월인데 넘치는 주름살
긴 인생의 여정에 희끗한 귀밑머리
삶과 죽음의 능선을 넘기면서
험난한 세상 속에 잘 견딘 우리
장렬히도 살아왔는데 울고만 싶다
가슴속 슬픔이 숲처럼 무성해져
떠가는 흰 구름에 적시는 눈시울
할 말이 너무 많아 노래를 부르는데
슬픔이 흩날리느라 소리가 없다
모두가 내 마음 뜻대로 안 되고
믿음과 믿음이 내통을 하고
못다 한 불효에 뒤늦은 후회에
따스했던 추억 속 이불을 덮는다

참으로 가슴을 치는 절창 앞에서
훌훌 마음의 상처도 벗어던지고
귀와 귀를 마주 향하게 하고
눈과 눈도 딱 포개게 하는
전율의 극치다.

하현달의 쇼

한밤중 적막 속에서 저리도 훤히
빤히 날 뚫어져라 관통하는 달빛 때문에
자려다 말고 놀라서 일어난다
열대야에 온통 열어젖힌 창문으로
"낮에 나온 반달은 하얀 반달은…"
밤에 나온 반달도 하얀 반달이다
뽀오얀 속내까지 드러내 보여
하얀 속살 속에 노오란 눈썹 무늬가
황홀함의 극치를 지켜보는
뇌리에 투영된 관찰일기
산바람 밤바람에 휘영청 달빛까지
자신과 눈 맞추고 놀자고 한다
내 눈앞 내 창가로 난생 첨 본 광경
미로를 쏜살같이 달려와 비추는 달빛
한 줄기 백야의 통로에 쏟아 붓는
심야를 질주하는 눈부심 때문에
놀란 토끼 눈은 백지 위를 더듬는다
글쎄 명상 한 줄 긁적이다보니
내 눈앞에서 잠수를 탄 깜짝 쇼

꼴깍
칠흑의 밤바다가 삼켜버렸느냐
먼동이 틀까봐 줄행랑을 쳤느냐
밤하늘 블랙홀로 재빨리 흡입된 시각
새벽 2시 25분 행 급행열차를 탔느냐
홀연히 잠적해버린 심야의 숨바꼭질
풀벌레 수풀 속을 두리번두리번 헤맨다
황홀한 빛의 유혹 내게 쏘아 놓고
작별도 없이 황급히 우주 속으로
흔적조차 없는 하현달의 미스터리
날밤을 새운다
너를 찾으려.

먹거리를 주는 기쁨은 길다

그녀에게 줄 먹거리를 챙긴다
기뻐할 모습을 상상한다
“그 장소에서 2시에 만나자”
카톡 문자를 하루 전날 친다
내가 조금 덜 먹으면
이토록 행복의 미소가 뒹군다
며칠 전부터 나누기 위해
그녀의 눈웃음을 비축해둔다
“무거운데 메고 오지 마셔요”
고마움을 전하는 문자는
벙긋한 미소를 뿌리게 한다
여린 풋고추를 아싹 베어 무는데
왜 그녀의 어머님이 밟히는가
노모의 굽어진 등이 보이는가
팔순이 넘은 노모의 뜨개질 솜씨는
내 창가를 밝히는 명상의 깨우침이다
열과 성의로 진행되는 고된 수작업인
수세미와 목도리와 콩지갑들은 온종일
노모의 손가락 사이에서 창조된 예술품이다

인형 원피스들도 주렁주렁 발이 되어
형형색색으로 반짝거리며 눈이 부신다
언제나 나의 게으름과 졸음을 날리면서
행복하게 흥얼거리는 콧노래가 된다
잘 손질된 단호박과 애호박은
찌개나 국에나 단골 선물이 되고
오이와 가지는 함박웃음이 된다
이리 달콤하고 아싹한 먹거리들이
행복한 급행열차를 타야만 한다
오늘도 그 어머님의 밥상으로.

산토끼 노래 동산에 앉아서

– 1928년 창녕군 이방면 학교 뒷산인 고장산에서
고 이일래 선생(1903–1979)이 지으신 노래 –

아이 시절 산토끼 노래를 불러본다
누가 오라고 손짓도 하지 않는데
사랑하지 않고서는 못 배기는
동요의 퍼즐 조각을 끼워 맞춘다
누구 하나 산토끼 노래 못 부를 이 있느냐
깡총 깡충거리면서 온 산속을 헤매다가
지쳐서 지쳐서도 희망의 옷자락 휘날리는
"산 고개 고개를 나 혼자 넘어서
토실토실 알밤을 주워서 올 테야…"
온 국민의 가슴속에 각인된 노래 사랑
마침내 알토란 알밤을 찾아오지 않았느냐
학교 뒷산에서 부지런히 살아가는
나라 잃은 설움의 쓸쓸한 산속의 산토끼가
깡충깡충 뛰면서 나라를 되찾자는 소망이
산토끼에 의지하는 밝은 미래의 암시는
행복을 충전하는 무전여행을 꿈꾸며
산토끼처럼 두 귀를 펼치면서
신바람 환희와 깨금발 무용수로
우리 가슴 속에서 언제까지나
심금을 울리고 있다
산토끼 노래는.

승학산 억새밭

승학산아 널 보고파 왔노라
억새 춤추는 들판의 바람이 좋아
발아래 핀 산안개 촉촉이 적시며
은빛 바람난 품에 다시 안겨 본다
하얀 버선발 흰 무명 치마저고리
휘영청 부챗살 마구 휘날리면서
놓쳐버린 청춘을 행여 주우려는 듯
역광의 억새밭 사랑을 퍼 담는다
하얀 달님의 임 만나거들랑
저리 휘황한 억새 품에 뒤엉켜서
이리저리 또르르륵 떼구르르륵
온밤이 다 지새도록
자유 분망한 춤 맘껏 춰 보라 한다

서로 양보하며 살아가고 있는
보릿대춤들의 춤사위 속에는
거친 억새 뿌리 서로 한데 뒤엉켜서는
뭉치면 살 수 있다는 평범한 가르침이
널 사랑으로 껴안아라 한다.

4호선 고촌역을 지나면

고촌 산기슭 어디쯤
흰 국화 알갱이 뿌려진
통곡의 벽에 갇히던 곳
자꾸만 눈이 간다
꽃 피는 봄날이면
꽃비 되어 흩날리고
추억의 바다에선
널 잊지 못해 내가 흩어진다
손주 셋 껴안고
세월을 질주하던
뜨거운 비 눈물이
내 가슴에 흐른다
야속하게 멀어져간
널 부축하던 온기는
시도 때도 없이
내 얼굴을 덮친다
포슬포슬한 흙 한 줌
눈물과 탄식으로
배어들던 진한 우정
내 발길을 동여맨다.

죽성 마을버스를 타면

흐르는 잎새들 날 훑으며
일상의 탈출이 싱그럽다
들판 사이로 나무그늘 사이로
도심을 벗어난 녹색의 향연이다
마을버스에 기대어 앉아
산천의 구름과 바람이 된다
봄이면 연녹색 잎새들의 간지러움
여름이면 짙푸른 수목들 헤치고
가을이면 갈색 추억 돌돌 몰아가면서
겨울이면 쓸쓸히 잉잉거리는 죽성 바다
단숨에 치닫는 마을버스 바퀴처럼
나뒹구는 청춘의 낙엽 바스락 밟는다.

- 2015 제1회 버스정류장 인문학글판
창작시 공모전 장려상 수상

인생의 끝

이승의 목숨이
하늘로 향하는 날
미련 없이
떠나기 위해선
지금
내가 할 수 있는
일을 찾아서
너와 나
만나고 또 만나서
소통하면서 살다가
후회 없이
떠나가야만 한다
내가 바칠 수 있는
배려의 길목에서
그대 돌아앉아
내게
손을 뻗칠 수 있는
그 사랑의 간격
오늘도
그 기다림에
익숙해져야 한다.

다시 찾은 간절곶

다시 찾은 호탕한 바다
기나긴 순례자의 파도는
원시 바다에 손 편지를 쓴다
그리움 하나 가득 그대에게
못다 한 말은 빨간 우체통속으로
성급히 달려오는 그대
미련 없이 덮치는 파도
우연히 만나고 또 만나고
인연으로 만나서
더불어 향하는 소통이 된다
만날수록 짙게 피어난
따스한 기억의 향기
오늘도 세찬 포말이 되어
내 전신을 훑으며 지나간다
간절곶의 파도 속에
말끔히 씻겨 지워져
너무 멀리 가버린 그대
정신을 가다듬고 보니
와락 겁이 난
썰물의 애린 하나.

소중한 시간

발아래 탁 트인
봄날의 초록 풀밭이
날 여기 붙들고만 있다
도서관에 앉아
두 시간만 있어도
책 속에 스며드는
신선의 향기가 된다
모든 걸
다 미루게 하는
도서관의 글밭
삶의 건더기들
창작의 밭이랑에
이랴아 이랴아
채색의 쇠스랑
굴리고만 있다.

사랑스러운 얼굴로 천천히

그것은 황홀한 품속이었다
어미 젖가슴 움켜잡고
흠뻑 젖어드는 아가의 입술은

그것은 황홀한 꽃받침이었다
단비를 고이 떠받들며
갈증을 해소하는 아가의 두 손은

그것은 향기로운 축원이었다
유치원을 다녀온 아이를
포옥 껴안으면서 맞추는 눈빛
먹거리 흘릴세라
생선 가시 드러갈세라
에워싸는 대화의 옹달샘은

아무리 고된 일상이라도
할미의 품속에서 엄마를
오늘도 천천히 찬찬히
너희 가슴을 데운다.

길고양이 사랑

집으로 향하는 언덕길 컨테이너 밑
누군가 엎드려 무얼 던지고 있다
귀가하는 나와 우연히 마주친
한밤중의 그녀를 잊을 수 없다
먹고살기도 힘이 드는데
길고양이 밥을 주기 위하여
매일 밤 행차를 하고 있다
고양이 사료를 가득 안고서
기장에서 송정까지 베푸는 은덕
한밤중이 무섭지도 않은지
부자도 아니라면서 퍼주는 삶
십 년 세월 동안 지속된 헌신
"고양이는 나의 운명이에요"
끝도 없는 푸짐한 사랑을 본다
하루도 거르지 않는 저 부지런한 행동
해맑은 표정으로 걷고 또 걷는 발걸음
아무것도 안 보이는 저 어둠 속에서
밑 빠진 독에 물을 하염없이 붓고 있는
은혜로운 침묵의 손을 덥석 잡고 말았다

집으로 가는 깜깜한 밤길이
하염없는 사랑의 빛으로
그녀를 관통해
온 동네를 비추고 있는 듯.

쑥 수제비

손끝의 예술이다
쑥물로 밀가루를
도공처럼 치댄다
구수한 멸치 국물 속으로
예리하게 던져진 쑥 반죽은
잠수하다 말고
두리둥실 떠오르고
맛은 예술로 태어난다
한 입 머금은
당신의 입가엔
들판의 쑥 향이
물씬물씬 풍긴다
어제의 서운함과
오늘의 무료함이
메마른 목젖을
살살 어루만지며
따신 행복을
술술 삼키는데
서로 많이 먹겠다던
육 형제의 웃음꽃이
여름 평상을 누빈다.

배신자

티끌 하나 없는 가을 하늘이
짙푸른 색감으로 유혹을 한다
사람은 홀로 살아갈 수 없듯이
더불어 살다가라 한다

삼라만상은 저리도 청명한데
먹구름 낀 초상화 하나
바람 앞 등불은
배신자의 제목을 지우라 한다

지혜로 영글어진 인연의 연결 고리가
끊임없는 파도 되어
후려치며 떠밀려와 버린
가랑가랑해진 분노의 파편들에
아직도 몸 둘 바를 몰라 한다

사과의 말 한마디면
부득부득 웅크렸던 새우등도
부득이 꿈틀대며 펴질 테니
화해의 화해 바다처럼
헤엄치며 다가가라 한다.

그림 그리는 손

손안이 예술마당이다
초로 형태를 그리고
분으로 영혼까지 심어
보는 사람의 눈 속에
그림의 마음이 느껴진다
장작을 쪼개서 착착 쌓는 듯
번쩍이는 아이디어가
샘솟는 분수령이다
그림이 움직이고 있는 듯
기도하는 마리아상이
믿음을 추궁하고 있다
백지 위엔 스케치를
화폭 위엔 수채화를
튤립은 춤을 추는 듯
해바라기는 함박웃음을
강가의 돛단배는
쓸쓸한 기다림의 손짓을
자나깨나 무궁무진한
예술혼을 쏟아붓는
그 어머니와 그 새끼들

싹싹 쓱쓱 훨훨 활활
틈만 나면 즐거운 세상
화가의 피가 흐른다.

희망 열차 4호선

무한대의 원격조정 로보트
컴퓨터 기관차에 올라타던 날
변해가는 신기루 세상에
슬그머니 첫발을 내맡기는 순간
탈까 말까 망설이던 나를
냉큼 떠밀어버린 용감무쌍
조마조마 떨고 있는 사람들 표정
달래면서 품에 꼭 감싸 안더니

당신이 바로 운전수야
당신이 바로 차장이야
동래역에서 환승 오라잇
충렬사 지하통과 명장동으로
반여 농산물 지상통과 반송으로
잠깐 사이 고촌지나
안평 종착역 스톱 하차
지하도 생생 구불구불
지상도 싱싱 쭈루루룩

아이 시절 기차놀이 신바람 난다
장난감 기차 뚜뚜 지나간다
내가 제일 잘 나가
내가 제일 잘 나가지.

- 국제시단 2012. 1. 20

어느 날 기적처럼

지금도 일상의 번잡함에서 벗어나 날 만나는 시간이면
떠오르는 분이 있다
"100세 시대에 대비한 인문학 열풍"
오늘도 그분 수필의 바다에 첨벙!
억겁의 인연이 스치는 순간이다.

단 3분 동안 시낭송하는 무대 위
내 표정에서 내 음성에서 내 몸짓에서
오랜 기억을 유추해낸 세월 속
진정 황당함에 콩심장이 되었었다.

그분은 아버지 직장 상사였으니 더 떨고 계셨다
이미 15년 전에 하늘나라로 떠나신 아버지의 근무지를
나는 단 한 번도 찾아 간 일이 없었다.

모래알처럼 수많은 사람 중에서 어찌 나의 뿌리를 캐낸단 말인가?
살며시 다가와서는 내게 권하는 소주 한 잔이 첫 만남이었다.

아버님의 존함이 나열되고 있었다 움켜쥔 소주잔은 덜덜덜덜…
온몸이 사시나무가 되고 말았던 그 순간을 나는 살아가면서
결코 잊을 수가 없다.

눈을 감으면 더욱 생생한 아버지의 자화상…
버스 차창으로 우연히 바라보게 된 아버지의 바짓단이
허옇게 밟힌 줄도 모른 채 손을 흔들며 웃고 계셨다.

비가 오는 날의 수채화는 내 눈 속에서 오늘도
아버지의 비눈물을 뿌리고 있다.
살던 집이 없어지고 전셋집으로 쫓겨 서글피 이사를 떠나던 날
이삿짐 보따리 위로 비가 내리는데
아버지의 얼굴 위로 마구 흘러내리는 비 눈물을 보았었다.

우리 육 형제 골고루 애를 먹였는데도
내내 애정 잔뜩 품었던 사랑이 지금도 흥건하다.
그리 바삐 살면서도 분홍 보자기에 고이 싼 선물들로
남을 도우셨던 봉사와 헌신의 손길들의 행진이셨다.

아버지의 영혼이 내 전신에 흥건히 퍼져서는
파장의 이명으로 그분의 귓전에 자근자근
그냥 그렇게 만나거라…
맺어 주셨다.

황망히 떠난 친구

산이 좋아 즐겨 산을 누비며
늘 건강하게 반짝이던 친구
두 달 뒤에야 떠났다는 소식을
우리 친구 맞나…두 손을 모은다
내 치아 주치의인데 우짜노
작년엔 앞니까지 깨어져
덧붙여 줄 때의 그 자상함
양치질할 때 마다 울부짖는다
잔기침이 잦은 친구에게
매실청 한 병 보듬고 가던 날
엊그제같이 미소 짓고 있건만
살면서 내내 눈에 밟힌다
치과 의자에 날 눕혀놓고서
섬세하고 예리한 드릴로 시술 중
그의 손끝도 떨리고
나의 영혼도 떨렸다
치아 조각이 탄피처럼 흩날려
벌벌 떨며 황혼길 헤매던 찰나
날 포근히 다독이던
널 진정 잊을 수 없다

치아도 인생의 발자취 따라
낡은 수선을 기다리는데
이성에 맘 편히 날 맡기고서
두 눈 폭 감은 추억의 강
허공 속에서도 반기는 우정
웃는 눈을 지닌 널 못 잊는데
손자의 아랫니 두 개가 방긋이
내 눈물을 훔치게 한다.

유달산의 에밀레 종소리

유달산 산마루가 선조님의 초상이라
목포 항구를 자상하게 품고 있는 듯
울려 퍼지던 통곡의 종소리 진동은
지금도 내 심장에 전이되고 있는 듯
힘껏 내리친 순간 종각의 떨림은
우렁찬 따귀를 때리고 있는 듯
왜군의 만행에 경종을 울리면서
역사의 한을 어루만지고 있는 듯
장대한 종각의 심장박동 소리는
와락 시공을 초월하고 있는 듯
목포 항구에 턱 버티고 앉아
꽈악 유달산을 포옹하고 있는 듯

젖 먹던 힘까지 내리치고 또 치고
통곡의 숨결은 청각을 저당 잡히고
아직도 내 귓전의 통로에 울려 퍼져서
무의식의 밑바닥까지 덜덜덜 떨고 있다
한없이 많이 부딪혀서 아파야만
진통의 그 목소리 가닿을 수 있다

삶도 많이 내리치고 내리쳐 아파야만
어떠한 고난에도 견딜 수 있다
사람과 사람 사이
말들이 비수가 되어 돌아올 때도
한 발짝 골짜기에 내려서서
인내의 석탑을 쌓아야만 한다
서로서로 먼지 낀 허물 덮어주면서
위로하는 여운의 종소리를
울리면서 살아가야만 한다.

가덕도 선착장의 거제 생굴을 찾아서

하단에서 을숙도를 지나 녹산공단으로
부산 산업단지들이 끝없이 즐비하다
부산의 끝자락 가덕도 선착장 가는 길은
도대체가 지루할 틈이 없는 풍경화다
눈부신 녹산공단들은 하염없이 뻗쳐져있다
미래로의 힘찬 도약의 위상을 드러내는 듯
부산 신항 국제터미널은 이국의 정취였다
이제 부산 시민들의 지극한 소망인 국제공항
가덕도 동북아 물류 허브공항이 생기는 날이면
여기 집결된 산업체들과 신항 국제터미널은
어깨를 나란히 하면서 세계로 뻗어나가겠지
난생처음 보는 거대한 컨테이너들의 집결지
차창 밖의 무한한 발전상에 압도되고 만다

가덕도에서 싹이 난 생굴의 종자를
청정 거제도 앞바다에서 쑥쑥 키워서
다시 가덕도로 회귀하는 거제 생굴이 왔다네

아무리 시간이 소요되어도 내 발걸음은
가덕도 선착장에 내리고만 있다
하루 온종일 굴을 까는 아낙네들의 손길은
어느새 동날 만큼 짭짤한 부업 전선이다
그 먼 거리까지 왜 굴을 구입하러 다니는지
뽀오얀 굴국을 먹어보아야만 알 것이다
바다의 보약이라 하지 않더냐
왕복 5시간이 걸리는 거리까지
마다하지 않고 달려만 가고 있다
오동통하게 살찐 남해 청정의 생굴을
매 끼니마다 식구에게 먹일 수 있으며
가까운 친구들에게도 나눌 수가 있다
특히 허약한 후배에게도 줄 수가 있다
몸에 보한 구수한 진미의 탕국을 받들어
행복한 웃음을 자주 향유할 수 있기 때문이다.

찰나

나비가 된 노시인
소음이 정지된
내면의 시간으로
훨훨 마지막 영결식
흘러가는 구름 따라
육신은 가버리고
멈추지 않는 강물 따라
다시는 만날 수 없는
영혼의 세계로
살아온 삶의 궤적으로
백조의 날개를 타고
허무를 띄워 보내는데
투영되는 그림자 하나
우리들 가슴 속에 있네
눈도장 찍은 지
한 달도 채 안 됐건만
그분의 미소는
이젠 볼 수가 없네.

힐링 클래식 베토벤의 5번 교향곡

찬연한 선율이 마구 쏟아진다
베토벤의 5번 교향곡 광장
대평원을 향해 말 갈퀴 휘날리며
암흑의 두려움과 비탄을 물리치듯
이 세상 끝까지 달리고 또 달려
불어 닥친 고뇌의 운명을
승리의 불꽃으로 타오르게만 한다
25세에 귀머거리가 된 채
12년간 작곡한 불후의 명곡
암담한 운명에 굴하지 않고
절망을 음악으로 승화시킨
그 투지의 원동력 속으로
희망의 샘물을 길어 올리게만 한다
힘차고 감동적인 역동의 선율은
내일을 향한 저 끝없는 도전 속으로
두려움을 물리치라는 듯
스스로 일어서라는 듯
마음의 눈을 열게만 한다
삶이 곤고한 사람들에게
철철 악수를 껴 얹으면서
가감이 전환하게만 한다
삶의 방식을.

송다인의 작품세계

이철호
(문학평론가, 새한국문학회 이사장, 시인, 수필가, 소설가)

– 마르지 않는 문학의 샘에서 솟아나온 생기 넘치는 시들
따사로운 봄볕처럼 사람들의 가슴속에 머물러 주기를 –

송다인 시인은 이미 『오늘에 충실하다』를 비롯하여 『민조시3000수』와 『영도다리』와 같은 훌륭한 시집 세 권을 연달아 출간하여 우리 문단에서 그 문학적 역량을 높이 평가받고 있는 중견 시인이다.

부산 영도가 고향인 그는 특히 부산이 배출해낸 뛰어난 여류 시인으로서 타고난 풍부한 감성과 시인만이 지닌 특유의 섬세한 문체를 바탕으로 생명력 넘치는 시를 많이 써 왔으며 그의 시에서 물 흐르듯 자연스럽게 흘러나오는 서정적인 시인의 감성은 독자들의 마음을 감동시키기에 부족함이 없다.

더욱이 그는 한국시 낭송회 회원으로 근 10년 동안 활기차게 활동하고 있으며, 알바트로스 시낭송회 초대시인으로 그가 자주 들려주는 그의 시들은 더욱 정감이 넘치며 멀리멀리 퍼지는 그윽한 매화 향처럼 문학적 향기와 호소력 또한 크다.

「목련처럼」은 이른 봄에 잎도 피기 전에 높은 가지 끝에서 홀로 하얀 꽃망울부터 탐스럽게 터뜨린 목련 꽃송이들을 보고는, 가던 발걸음마저 멈춘 채 그 꽃들을 유심히 바라보면서 느낀 상념들을 시로써 형상화한 작품이다.

무척 아름답고 우아하면서도 고고한 기품이 넘치는 목련꽃에서 아름답고 우아한 자태를 지닌 고결한 여인의 모습, 그러면서도 오만하지 않고 아무나 함부로 할 수 없을 것 같은 위엄을 지닌 정숙한 부인의 모습을 느끼는 시인의 마음이 그대로 전해진다.

하얀 목련꽃들의 고고한 자태와 눈부시도록 환희에 찬 모습도 눈에 보이는 듯하며 팡팡 터지듯 힘차게 꽃망울들을 터뜨리는 저 목련꽃들의 활기찬 생명의 찬가와 순백의 숨결도 그의 시에서 들려오는 것만 같다.

「꽃치자 사랑」은 해마다 7월이 되면, 초여름의 싱그러운 바람에 실려 어디선가 향기 그윽하게 다가오는 치자꽃의 향기와 그 하얗고 순결해 보이는 치자꽃의 모습을 바라보며 즐기며 노래한 시다.

치자꽃은 예로부터 그 모습이 마치 술잔과도 같다고 하여, 한문으로 술잔 치(卮)자에 나무 (木)자를 덧붙여 쓰게 되었다고 전해 오는데, 그 모양이 둥그스럼하면서도 아름답고 향기 또한 아주 그윽한 꽃으로 유명하다. 그 향기가 어찌나 좋은지, 인위적으로 만든 그 어떠한 방향제와는 비교할 수가 없을 정도다.

그래서 옛날의 선비나 풍류객들은 서로 어울려 술을 마실 때 술잔 속에 하얀 치자 꽃잎을 띄워 그 그윽하고도 매혹적인 치자꽃 향기를 맡아가며 술을 마시는 풍류가 있었다고 하는데, 이 시에서도 그런 멋과 풍류가 감돈다.

옛 선비나 풍류객처럼 치자꽃의 멋과 풍류를 알고 시로써 즐기는 시인의 마음을 한번 닮아 보고 싶다는 생각도 든다.

「대저생태공원 유채꽃 축제」는 옛날에는 대파밭이었던 저 넓은 대저 들판이 유채꽃 밭으로 바뀌었다는 소식을 듣고 찾아간 그곳에서 본 황홀한 풍경. 샛노란 물감을 쏟아부은 듯한 샛노란 유채꽃 들판을 바라보면서 느꼈던 가슴 벅찬 감동과 소녀같이 설레는 마음을 가식 없이 진솔하게 그려낸 시다.

소리 없이 멀리멀리 퍼져나가는 유채꽃의 강렬한 향기가 온 누리를 일깨우는 듯하며 유채꽃 향기에 도취된 시인의 마음이 향기롭다.

송다인 시인의 제16시집 『무지개의 아우라』의 내면 풍경을 들여다본다.

> 난생 첨 바라보는 무아지경의 광경이었다.
> 성큼성큼 피어오르는 하늘가의 붓글씨를
> 꼼짝 않고 쳐다본 거대한 수채화 한 폭
> 쑥쑥 마술처럼 피어나서 하나도 틀리지 않고
> 빨.주.노.초.파.남.보 일렬횡대의 곡선으로
> 동시에 7가지 색칠을 뿜어내는 예술이었다.
> 기장 교리 어느 요양원 지붕 꼭대기에서부터
> 일광산 산자락으로 펼쳐진 황홀한 무지개
> 마치 페인트공이 하늘에다 채색을 한 것처럼
> 육교를 향해 걸어오는 어느 여인에게
> "저기 저 큰 무지개 좀 보셔요

와아 세상에 엄청 큰 무지개가
불과 삼 분 동안의 연출이었다.
다빈치와 미켈란젤로의 인문학 수업 중
사실주의 생명력의 내면세계를 배웠다.
창작자가 뿜어내는 무수한 아우라의 세계 속
흠뻑 빨려들어 황홀했던 젓은 경험이었다.
어스름 저녁 늦은 귀가 시각에
"아버지 교사발령 났습니다"
시집가서 십년 세월 포기한 교사의 길
사대를 졸업한 딸의 목소리가 울려 퍼졌다.
그것은
오전에 본 눈부시게 황홀했던 하늘의 아우성
쑥쑥 피어오른 희망찬 무지개의 아우라였다.

-「무지개의 아우라」 전문 -

이 시에서 화자는 불쑥 성큼성큼 바로 눈앞에서 발목을 붙잡았던 찬란하고 거대한 무지개의 연출을 희망으로 우렁차게 울려 퍼진 사랑스런 딸의 모습에 비유한 것이다.

오전에 바로 눈앞에서 연출된 거대한 무지개의 황홀경을 오후에 우렁차게 들려오는 딸의 음성에서 일렁이는 환희에 가득 찬 모습을 생생하게 교차시키면서 표현한 것이다.

일광산 산등성이를 향해 거대하게 피어올랐던 그 휘황찬란했던 하늘의 수채화를 정녕 잊을 수가 없어서…〈쑥쑥 피어오른 희망찬 무지개의 아우라였다〉라고 생생하게 피어난 실화를 연상하면서 그렇게 지켜보는 것 같다.

「어떤 행운」은 삽상한 늦가을에 찾은 어느 조용한 사찰의 뜰 안에서 우연히 마주친 뽀오얀 토끼가 눈만 까만 예쁜 모습을 보고 느끼고 생각한 것들을 쓴 시인데, 사람을 보고 화들짝 놀라 당황하며 불안해 하다가 어디론가 숨어서 까꿍거리는 토끼의 모습이 스쳐간다. 작은 동물에 대한 시인의 따뜻한 관심 그리고 사람과 동물 사이에서의 정이 강물처럼 흐르는 교류도 느껴진다.

오로지 나뭇잎들만 바람에 흔들릴 뿐 고요와 적막이 감도는 산사山寺의 가을 풍경 속에 외롭게 서있는 시인의 모습도 불쑥 떠오른다.

꽃을 무척 좋아하는 시인은 우리나라의 대표적인 꽃무릇의 군락지로 일컬어지는 고창 선운사에서 짙은 선홍빛으로 흐드러지게 피어난 꽃무릇을 바라보며 깊은 시상詩想에 잠긴다. 그런 오랜 상념 끝에 마침내 한 편의 멋지고 아름다운 시를 빚어내는데, 이 시가 바로 「가랑비 오는 선운사의 늦가을」이다.

아주 오래전 어느 스님을 짝사랑하던 여인이 상사병相思病에 걸려 죽고 난 후 그 무덤에서 피어난 꽃이 바로 꽃무릇이라는 이야기도 있고, 「꽃은 잎을 그리고 잎은 꽃을 그리워한다」는 말이 있을 정도로 그 꽃과 잎이 서로 만날 수 없는 것이 바로 꽃무릇이라는 이야기도 있는데, 이런 이야기를 전해 듣고서 꽃을 바라보는 안타까운 마음으로 이 시를 쓴 시인의 시심詩心이 애틋하게 다가온다.

일찍이 서정주 시인은 이 선운사에 동백꽃을 구경하러 왔다가 너무 일러 아직 피지 않은 동백꽃을 아쉬워하며 막걸리 집에서 막걸리 한 잔으로 그 아쉬운 마음을 달래던 중 「선운사 동구」라는 시를 썼다.

그러나 송다인 시인은 몇 년 전 선운사의 꽃무릇을 구경하러 왔다가, 잎도 없는 것이 눈부신 꽃들만 수없이 피어나 수없이 흔들어대면서 마구 춤을 추던 그 꽃무릇의 향연을… '선운사의 가을이 시집을 간다'라고 표현을 한 적이 있다.

꽃무릇이 활짝 핀 개화시기에 선운사를 탐방하여 화사하게 피어나 휘영청 춤을 추던 그 꽃무릇의 향연을 '연지 곤지 찍고 시집을 가는 새색시에 비유한 적이 있다' 이번 시 「가랑비 오는 선운사의 늦가을」에서 오색찬란한 만추에 또 놀람의 시를 쓰게 된 것이다.

「봄날에」에서 시인은 산새들이 속삭이듯 지저귀고, 산들바람이 향기롭게 불어오고, 연녹색 나무 잎사귀들이 바람에 가볍게 흔들리는 어느 봄날의 아름다운 풍경을 스케치하듯 그려낸다. 그러면서 목련꽃들이 기지개를 켜며 몸을 일으키는 모습도 보여주고, 바위들 사이로 촐랑거리며 내닫는 시냇물 소리도 들려주며, 온갖 새 생명들이 힘차게 솟구쳐 오르는 대지의 흙 향기도 맡게 해 준다.

산새들의
작은 지저귐이
산들바람에 묻어온다
봄날 창문을 열면
연녹색 잎사귀들
그윽이 산들거린다
푸르른 하늘 아래
잔잔한 녹색의 소요
개나리도 술렁거린다

동백이 꽃망울 펴지면

목련이 기지개를 펼치고
자목련이 보초를 선다
시냇물은
돌 틈 사이 촐랑거리고
쑥 캐는 아낙네
속살거리는 투정
생명이 솟구치는
봄날에
부드럽게
젖은 흙을 만지며
대지의 향기를 듣는다. -「봄날에」 전문 -

짤막한 이 시 한 편에 봄날의 보고, 듣고, 느끼고, 맡을 수 있는 온갖 것들이 다 들어 있는 것만 같다. 그만큼 세상 사물들을 응축하고 압축하여 정제된 언어들로 시 한 편을 빚어내는 시인의 시적 능력이 돋보인다.

「백자 달 항아리」에서 시인은 하얗고 달처럼 둥근 백자 달 항아리를 오랫동안 지그시 바라본다. 두 눈을 꼭 감고 좀 전에 보았던 백자 달 항아리의 모습을 다시금 떠올려보기도 하고, 상상 속에서 어머니의 자애로운 품에 안기듯 백자 달 항아리를 보듬어 안아 보기도 한다. 그러면서 어린 시절에 어머니의 품에 안겼을 때와 같은 포근함과 평온함을 느낀다.

그야말로 백자 달 항아리를 하나의 사물로 보지 않고 생명체를 지

닌 고귀한 대상으로 여기는 것이다. 〈내가 그대 항아리를 / 포옥 껴안고 있는데 / 오히려 항아리가 / 나를 폭 껴안고 있었다〉라고 노래하는 것도 바로 이런 마음 때문이다. 항아리를 소중한 생명체로 여기며 그와 하나 되는 마음이 너무도 아름답고 평화로워 보인다.

「을숙도의 군무」는 낙동강 하구로 향하여 길게 뻗어 있으며 그 섬 남단에는 크고 작은 모래톱인 사주가 잘 형성되어 있고 수로水路가 미로처럼 뻗어 있어 이 수로를 따라 갈대와 수초가 무성할 뿐만 아니라 어패류 또한 풍부하여 세계적인 철새 도래지로 유명한 을숙도로 예로부터 온갖 새들이 많이 살고 물이 맑은 섬이라는 뜻에서 을숙도라는 이름이 붙었다. 부산에 위치하고 있으며 세계적인 철새 도래지로도 유명한 을숙도의 아름다운 풍경과 그런 속에서 멋지고 장엄하게 군무群舞하는 새들의 모습을 담아 낸 시다.

〈세상 밖으로 떠나가는 흰 새 떼들
눈부신 해탈의 순간을 본다〉

특히 을숙도 일대에서 겨울철 철새들이 군무하며 비상飛上하는 모습은 실로 장관인데, 시인은 갈대숲을 박차고 일제히 치솟아 오르는 새들의 모습을 이렇게 표현한다.

그러면서 시인은 이때의 심경을 '진정 웅장한 콘서트의 전율'이라고 하는데, 시인의 그 떨리는 전율이 시 밖으로 금방 떨쳐 나올 것만 같다.

「쑥 수제비」에서 시인은 어렸을 때 어머니가 쑥물을 들인 밀가루를 도공처럼 치대어 만들어 주던 쑥 수제비를 그때는 먹을 것이 부족하던 그 시절에 여섯이나 되는 형제들이 여름날 평상 위에 옹기종기 모여앉아 서로 많이 먹겠다며 다투기도 했던 추억들을 떠올린다.

어찌 보면 서럽고 가슴 아픈 추억이기도 하지만 그런 속에서도 꽃처럼 피어났던 어머니의 아낌없는 가족 사랑과 가족 간의 소박한 행복이 잘 드러나 보인다. 시를 통한 추억의 공간에서 어린 시절에 가슴속에 흩날리던 생각들을 하나둘씩 모아 되살리고, 이제는 성숙해진 시선으로 새롭게 조명하여 정감 있는 시어들로 엮어 풍경화처럼 다시 보여주는, 시인의 마음이 따뜻하게 다가온다. 끈끈한 가족의 정情도 느껴진다.

「길고양이 사랑」은 거리를 떠도는 길고양이들을 위해 날마다 먹이를 주며 지극한 애정으로 그들을 보살피는 어느 여인의 삶을 응시하며 쓴 시다.

인간에게 버려져 이리저리 내몰리는 길고양이들의 안타까운 모습들을 외면하지 않고 모성으로 끌어안아 주며 길고양이들을 사랑하는 이 여인의 모습도 아름답지만, 그런 여인을 바라보며 이런 시로써 뜨겁게 격려하고 응원하는 시인의 마음 또한 아름답지 않을 수 없다.

엄혹한 시대 속에서도 늘 동심과 아름다운 마음을 잃지 않고 사람들과 정을 나누며 주위 사물들을 진지하게 응시하며 끊임없이 소통하는 시인의 마음은 오늘도 소멸해가는 모든 것들을 깊이 있게 살피며 그 속에 담긴 의미와 존재가치를 찾아 나서는 부지런한 송다인 시인의 모습에 아낌없는 갈채를 보낸다.

송다인 시인의 마르지 않는 문학의 샘에서 솟아나온, 생기 철철 넘치는 시들이 이 땅의 그 모든 외롭고 힘들어하는 사람들의 마음속에 따사로운 봄볕처럼 내려서 오래도록 빛이 되어 촉촉이 머물면 좋겠다.

송다인 시집
무지개의 아우라

인쇄: 2016년 5월 19일
발행: 2016년 5월 26일

지은이: 송다인
펴낸이: 최경식
펴낸곳: 도서출판 청옥문학사
인쇄처: 세종문화사

출판등록 제10-11-05호
E-mail: kyu500@hanmail.net
전화: 051-517-6068

값 10,000원

ISBN 978-89-97805-48-8 03810

이 도서의 국립중앙도서관 출판시도서목록(cip)은 서지정보유통지원시스템 홈페이지(http://seoji.nl.go.kr)와 국가자료공동목록시스템(http://www.nl.go.kr/kolisnet)에서 이용하실 수 있습니다.(cip2016011303)

부산문화재단

본 도서는 2016년 한국문화예술위원회, 부산광역시, 부산문화재단 지역문화예술특성화지원사업으로 지원을 받았습니다.